本书课题资助

中国人民大学"统筹推进世界一流大学和一流学科建设"
经费支持(项目批准号:16XNL001)

东亚侵权法学会成立大会与会人员合影

东亚侵权法学会第一次国际研讨会会议现场

东亚侵权法学会伊春宣言

(**2010 年 7 月 2 日·中国伊春**)

  侵权法,既是民事权利保护法,也是侵权责任限制法。民事权利的保护,是固民法之本;侵权责任的限制,则是维自由之基。东亚共同市场的形成,既需要切实保护市场参与者的民事权利,又必须对民事主体的行为自由进行维护,而不同法域之间的侵权法规范不同,将导致对资本、人才流动的限制和阻碍,不利于东亚共同市场的发展。

  来自中国大陆、日本、韩国、中国台湾、中国香港的 20 余位侵权法学者齐聚中国黑龙江省伊春市,共商"东亚侵权法学会"成立及"东亚侵权法示范法"制定之大计。与会专家学者经过讨论,一致同意成立"东亚侵权法学会"(**Academy for East-Asian Tort Law**,缩写"**AETL**"),通过"伊春宣言"。本学会的宗旨是团结东亚各法域以及亚洲其他法域的侵权法

学者和司法实务工作者，研究东亚各法域侵权法，制定"东亚侵权法示范法"，促进东亚各法域侵权法的统一，为亚洲侵权法的统一奠定基础。

发起委员（Founding Member）：

中国大陆：杨立新、郭明瑞、崔建远、杨震、姚辉、申卫星、钱福臣、张铁薇、申建平、王竹；日本：松本恒雄、道垣内弘人、住田尚之；韩国：苏在先、延基荣；中国台湾：潘维大、郑冠宇；中国香港：习超

东亚侵权法学会 制定

Model
East-Asian Tort Law

东亚侵权法示范法

中英日韩葡文对照

杨立新 主编

北京大学出版社
PEKING UNIVERSITY PRESS

图书在版编目（CIP）数据

东亚侵权法示范法/东亚侵权法学会制定；杨立新主编. —北京：北京大学出版社，2016.8
ISBN 978-7-301-27373-9

Ⅰ.①东⋯　Ⅱ.①东⋯　②杨⋯　Ⅲ.①侵权行为—民法—研究—东亚　Ⅳ.①D931.03

中国版本图书馆 CIP 数据核字（2016）第 179468 号

书　　名	东亚侵权法示范法 DONGYA QINQUANFA SHIFANFA
著作责任者	东亚侵权法学会　制定　杨立新　主编
责 任 编 辑	杨玉洁　王建君
标 准 书 号	ISBN 978-7-301-27373-9
出 版 发 行	北京大学出版社
地　　址	北京市海淀区成府路 205 号　100871
网　　址	http://www.pup.cn　http://www.yandayuanzhao.com
电 子 信 箱	yandayuanzhao@163.com
新 浪 微 博	@北京大学出版社　@北大出版社燕大元照法律图书
电　　话	邮购部 62752015　发行部 62750672　编辑部 62117788
印 刷 者	北京中科印刷有限公司
经 销 者	新华书店
	880 毫米×1230 毫米　32 开本
	9.125 印张　彩插 4 页　209 千字
	2016 年 8 月第 1 版　2016 年 8 月第 1 次印刷
定　　价	35.00 元

未经许可，不得以任何方式复制或抄袭本书之部分或全部内容。
版权所有，侵权必究
举报电话：010-62752024　电子信箱：fd@pup.pku.edu.cn
图书如有印装质量问题，请与出版部联系，电话：010-62756370

《东亚侵权法示范法》制定、参与人员

杨立新　中国人民大学民商事法律科学研究中心主任、法学院教授
潘维大　东吴大学校长、法学院教授
苏在先　韩国庆熙大学法学院教授
延基荣　韩国东国大学法学院教授
松本恒雄　日本国民生活中心理事长
泷泽昌彦　日本一桥大学法科大学院院长、教授
道垣内弘人　日本东京大学法学院教授
王　晨　日本大阪市立大学教授
住田尚之　日本曾我律师事务所合伙人
唐晓晴　澳门大学法学院副院长、教授
郭明瑞　烟台大学法学院教授
郑冠宇　东吴大学法学院教授
邱玟惠　东吴大学法学院助理教授
姚　辉　中国人民大学民商事法律科学研究中心执行主任、法学院教授
焦富民　南京财经大学党委副书记、法学院教授
曹险峰　吉林大学法学院教授

王　竹　　四川大学法学院教授
张　红　　中南财经政法大学法学院副院长、教授
满洪杰　　山东大学法学院副教授
张金海　　四川大学法学院副教授
于雪锋　　浙江财经大学法学院助理教授
吕冬娟　　澳门城市大学高级讲师
蒋依娃　　澳门大学法学院高级导师
梁静姮　　澳门大学法学院高级导师

孙森焱　　东吴大学法学院教授
成永裕　　东吴大学法学院教授
崔建远　　清华大学法学院教授
刘凯湘　　北京大学法学院教授
李永军　　中国政法大学民商经济法学院教授
刘保玉　　北京航空航天大学法学院教授
张铁薇　　黑龙江大学法学院教授
林旭霞　　福建师范大学法学院教授
侯国跃　　西南政法大学民商法学院教授
陆　青　　浙江大学光华法学院副教授
陶　盈　　首都经济贸易大学法学院讲师
宋娅殷　　中国人民大学法学院博士

译校者
英文版：吴至诚（牛津大学法学院博士研究生）、王竹 译

日文版：陶盈 译　道垣内弘人、王晨 校
韩文版：宋娅毂 译
葡文版：王薇（澳门大学法学院副教授）译

文本修订者

第一稿：2013年4月5—6日

条文起草（按照章节顺序排列）：张红、张金海、郭明瑞、姚辉、王晨、潘维大、邱玟惠、郑冠宇、苏在先、延基荣、杨立新、王竹、唐晓晴、吕冬娟、蒋依娃、焦富民、于雪锋

统稿：杨立新、王竹

第二稿：2014年10月23—24日

曹险峰（一般侵权责任构成）、满洪杰（损害与损害赔偿）、王竹（数人侵权责任分担、特殊侵权行为）

统稿：杨立新、王竹

第三稿：2015年11月21—22日

曹险峰（一般侵权责任构成）、满洪杰（损害与损害赔偿）、王竹（多数人侵权行为与责任、特殊侵权行为）

统稿：杨立新、王竹

第四稿：2016年1月30日

延基荣（新增"第十二章　侵害公开权的侵权责任"）、曹险峰、满洪杰、王竹

统稿：杨立新、王竹

东亚侵权法学会发起会员名单

杨立新　中国人民大学民商事法律科学研究中心主任、法学院教授（理事长）
郭明瑞　烟台大学法学院教授
崔建远　清华大学法学院教授
杨　震　黑龙江大学法学院教授（秘书长）
姚　辉　中国人民大学民商事法律科学研究中心执行主任、法学院教授
申卫星　清华大学法学院教授
钱福臣　黑龙江大学法学院教授
张铁薇　黑龙江大学法学院教授
申建平　黑龙江大学法学院教授
王　竹　四川大学法学院教授（副秘书长）

松本恒雄　日本国民生活中心理事长（副理事长）
道垣内弘人　日本东京大学法学院教授
住田尚之　日本曾我律师事务所合伙人

苏在先　韩国庆熙大学法学院教授（副理事长）

2　东亚侵权法示范法

延基荣　韩国东国大学法学院教授

潘维大　东吴大学校长、法学院教授（副理事长）
郑冠宇　东吴大学法学院教授

习　超　香港中文大学法律学院教授

出版说明

2010年10月2日,东亚侵权法学会在中国黑龙江省伊春市宣告成立。会议通过了《伊春宣言》,宣言宣告学会的宗旨是要制定《东亚侵权法示范法》。学会全体会员经过六年的艰苦努力,终于在2015年11月21日于东吴大学法学院举行的会员大会上,一致通过了《东亚侵权法示范法(暂定稿)》,完成了这一历史性的民间立法任务。之后又经过对文本的多次讨论,终于在2016年4月28日完成了中文版本的修订,以及英文、日文、韩文和葡萄牙文版本的翻译工作,最终出版本书。

世界范围内的区域侵权法示范法或者统一法,目前在欧洲有两个版本,即《欧洲统一侵权法》和《欧洲侵权法立法原则》,在欧洲侵权法的发展中起到了重要作用。中国内地以及台湾地区、香港地区和澳门地区的侵权法专家,与有志于侵权法研究的韩国、日本的侵权法学专家一道,愿意步欧洲侵权法学者的后尘,在东亚地区制定东亚侵权法的示范法,以此扩大东亚侵权法学在世界侵权法学界的影响,为世界侵权法的融合和统一贡献力量。因而我们团结在一起,在比较研究东亚地区各法域侵权法的立法和理论的基础上,进

2 东亚侵权法示范法

行统合性研究,起草了《东亚侵权法示范法》草案,经过四次讨论修改,终于完成了《东亚侵权法示范法(暂定稿)》。这是东亚侵权法学理论研究的重大成果,也是世界侵权法学理论发展的一个重大事件。我相信,《东亚侵权法示范法》的制定完成会推动世界侵权法学理论的研究和发展,并在世界侵权法学理论发展中占有重要地位,成为世界侵权法学理论之林中的一株秀木,为世界侵权法的融合与发展发挥积极的作用。

制定一部区域性的侵权法示范法,尽管有美国侵权法重述和欧洲统一侵权法的经验,但是由于参与本示范法起草工作的专家学者的学养以及比较法的经验所限,目前的《东亚侵权法示范法(暂定稿)》仍有较多缺陷,因此,东亚侵权法学会在通过本示范法的时候,一致决定将其作为"暂定稿"发表。我们今后还要对其不断进行修改,使之不断完善,成为一部优秀的侵权法示范法,发挥更大的作用。

东亚侵权法学会的会员在过去的六年中,全力以赴,不断努力,精益求精,为《东亚侵权法示范法(暂定稿)》的制定完成贡献了自己的智慧和力量。年长的会员有的已经退休,年轻的会员正在忙碌工作,他们都为该示范法的诞生奉献了自己的聪明才智。因此,《东亚侵权法示范法(暂定稿)》是东亚侵权法学会全体会员的心血结晶。我作为东亚侵权法学会的理事长,在此向学会全体会员表示衷心的感谢!

欢迎各界学者对《东亚侵权法示范法(暂定稿)》提出

批评意见,我们将继续努力,让这部示范法在世界侵权法融合与统一的过程中,不断成长,发挥更大的作用。

杨立新

2016 年 4 月 29 日

Foreword

The Academy for East-Asian Tort Law was founded in the City of Yichun, Heilongjiang Province, Mainland China on October 2, 2010. During the first conference the 'Yichun Declaration' was passed, proclaiming that the purpose of this Academy is to make a Model East-Asian Tort Law. After six years' endeavour, the Model East-Asian Tort Law (Provisional Version), being a historical task of non-governmental legislation, was unanimously passed by all members of the general assembly in the Law School of Soochow University on November 21, 2015. After several discussions of the text, both the modification work in Chinese and the translations work in English, Japanese, Korean and Portuguese was completed on April 28, 2016, when this book were finally ready for publishing.

Till now, there have been two regional model laws (or say, unified laws) in the world, both of which were made in Europe, being the *Non-Contractual Liability Arising out of Damage Caused to Another and the Principles of European Tort Law*. These played a pivotal role in the development of the European tort law.

Inspired by this, tort law experts in Mainland China, Taiwan, Hong Kong, and Macao would like to work with tort law experts in Korea and Japan, intending to make an East Asian version of model tort law in order to expand the influence of East Asian tort law in the global scale and to contribute to the harmonisation and unification of a global tort law. Based on a thorough comparative research on tort legislation and theories in all of the East Asian jurisdictions, we first drafted the Model East-Asian Tort Law, and then had four discussions on modification, and finally completed the Model East-Asian Tort Law (Provisional Version). This is both a crucial outcome for the East Asian tort law theoretical research and a crucial event for the global tort law theoretical development. I believe that the completion of the Model East-Asian Tort Law could promote the research and development of tort law theories. It could take an important place in the theoretical development of global tort law. It could become an elegant tree among the forest of global tort law theories. It could serve to promote the harmonisation and development of a global tort law.

We acknowledge that, despite experience from American Restatements of Torts and European unified tort laws, the present Model East-Asian Tort Law (Provisional Version) nevertheless has a substantial number of defects due to the limit of our drafting members' academic expertise and comparative experience. This is the reason why we decided unanimously to name it as a provisional version, indicating further modifications from time to time in order to polish it to be a great model tort law with a better function.

Members of the Academy for East-Asian Tort Law have kept contributing their intelligence and efforts to and devoting themselves in the making of the Model East-Asian Tort Law (Provisional Version) in the past six years. Till now, some of the elder members have retired while members of a younger generation have been working hard. They both contributed their intelligence to the generation of such model law. As a result, it is an unquestionable acknowledgement that the Model East-Asian Tort Law (Provisional Version) is an invaluable fruit for all the members of the Academy for East-Asian Tort Law. As the director of the Academy, I would hereby express my sincere gratitude to all the members of the Academy!

All and any comments on the Model East-Asian Tort Law (Provisional Version) would be very gratefully received. We will keep endeavour to make a better model tort law and have it refined from time to time during the process of harmonisation and unification of a global tort law.

Lixin YANG
April 29, 2016

目　录

东亚侵权法示范法（暂定稿）……………………… 1

Model East-Asian Tort Law (Provisional Version) …………43

東アジア不法行為法モデル法（暫定稿）……………… 105

동아시아 불법행위법 모범법 (임시안) ……………… 158

Lei-Modelo de Responsabilidade Civil para a Ásia Oriental
(Texto Provisório)……………………………… 213

东亚侵权法示范法

（暂定稿）

（2015年11月21日东亚侵权法学会全体会议原则通过，
2016年4月28日修改完成）

目　　录

序　言
第一章　立法宗旨与保护范围
第二章　侵权责任的归责原因与责任承担方式
第三章　损害
第四章　因果关系
第五章　故意与过失
第六章　抗辩事由与消灭时效
　第一节　抗辩事由
　第二节　消灭时效

2 东亚侵权法示范法

第七章 救济方式与责任保险
　第一节 损害的一般救济方式
　第二节 损害赔偿的一般规定
　第三节 人身损害赔偿
　第四节 财产损害赔偿
　第五节 精神损害赔偿
　第六节 责任保险
第八章 多数人侵权行为与责任
　第一节 共同侵权行为
　第二节 按份责任与连带责任
　第三节 其他多数人侵权与责任
第九章 产品责任
第十章 环境污染责任
第十一章 网络侵权责任
第十二章 侵害公开权的侵权责任

序　言

　　侵权法，既是私法权益保护法，也是侵权责任限制法。私法权益的保护，是固私法之本；侵权责任的限制，是维民事主体自由之基。东亚地区地处太平洋西岸，是世界上人口最为密集的地区之一，也是世界经济发展最为迅速的地区之一。东亚共同市场的形成，在世界范围内，对社会进步和经济发展都具有重要意义。继续推进东亚地区的社会发展和经济繁荣，既要切实保护东亚共同市场参与者的私法权益，又须维护民事主体的行为自由，因而侵权法必定要承担更为重要的作用。而东亚不同法域侵权法规范的不同，有可能导致对资本积累、人才流动、社会交往以及私法权益保护等方面的限制和阻碍，不利于东亚共同市场的有序发展，损害各法域民事主体的权益。因而，东亚各法域呼唤有共同认识基础、统一立法原则和具体可操作的责任规则的侵权法规范，协调确定侵权责任的规则，确定跨法域侵权行为的规制方法，推进东亚共同市场的繁荣发展，保护好东亚各法域民事主体的权益。

　　东亚侵权法学会本着团结东亚各法域以及亚洲其他法域的侵权法学者和司法实务工作者，研究东亚各法域侵权法的立法、司法和理论，推进侵权法发展之宗旨，积集体之力，经过数年努力，制定出本示范法，既为促进东亚各法域侵权法的统一制定范本，亦为亚洲侵权法的统一作出先导，并借

此融入世界侵权法统一的潮流。

本法的性质是示范法，是东亚侵权法学会为东亚各法域侵权法的统一提出的设想和纲要，其性质属于东亚地区的私域软法。尽管本示范法不具有实际的法律效力，但是本法的起草人期待：

（一）本示范法能够对东亚各法域的侵权法的立法发生影响，各法域在制定或者修改本法域的侵权法时，能够借鉴或者选择本示范法的规范，或者将本示范法作为立法参考的蓝本资料；

（二）东亚各法域的民事主体在相互之间发生侵权争议时，愿意选择本示范法的规范作为裁决的法律依据；

（三）东亚各法域的法官裁判侵权责任纠纷案件时，选择本示范法的规范作为学理依据；

（四）本示范法能够作为本法域以及世界各国侵权法学者的研究对象，为世界各国的侵权法研究和教学提供资料。

本法在结构上分为两部分：

第一部分为一般侵权责任，包含第一章到第八章，对侵权法的立法宗旨、保护范围、归责原因、侵权责任承担方式、构成要件、抗辩事由、损害救济方式、责任保险以及多数人侵权行为与责任作出规定。

第二部分有选择地规定了四种最具有东亚地区侵权法统一价值的特殊侵权行为类型：（1）为促进东亚地区产品流通，保护消费者权益，统一产品责任规则，制定"产品责任"一章；（2）为保护个人在安全、健康与生态平衡的环境

中生活的权利,促进环境改善,保障受污染损害的受害人的权益,制定"环境污染责任"一章;(3)为促进东亚信息一体化,保护网络上的行为自由,规范网络服务,保护网络用户的私法权益,制定"网络侵权责任"一章;(4)为促进东亚人格权保护规范的发展,引领人格权保护的新趋向,保护自然人个人的人格标志,制定"侵害公开权的侵权责任"一章。其他具体的特殊侵权责任类型,本示范法不作规定。

本示范法的起草人期待,通过本法的制定和传播,能够推进东亚地区的侵权法理论研究和司法实务的进步,同时也能够在世界侵权法领域中产生积极的影响。

第一章 立法宗旨与保护范围

第一条 【立法宗旨】

为在东亚各法域范围内进一步融合侵权法规则,保护民事主体的行为自由和私法权益,引领侵权法规则的发展趋向,促进东亚地区法制的协调与进步,制定本示范法。

第二条 【侵权法的保护范围】

本法通过侵权责任的私法手段,保护民事主体享有的下列权益:

(一)私法权利;

(二)依照法律应当予以保护的私法权益和纯粹经济

利益；

（三）法律有明文规定予以保护的环境公益等法益。

第二章　侵权责任的归责原因与责任承担方式

第三条　【过错责任】

因过错侵害他人私法权利，造成损害的，应当承担侵权责任。

故意侵害他人私法利益或者纯粹经济利益，造成损失的，应当承担侵权责任。

因过失侵害他人私法利益，造成重大损害或者情节严重的，应当承担侵权责任。

第四条　【过错推定】

侵害他人私法权益造成损害，根据法律规定推定加害人有过错的，受害人无须证明加害人的过错，而由加害人对自己没有过错承担举证责任。

第五条　【无过错责任】

侵害他人私法权益造成损害，法律规定不论加害人有无过错都应当承担侵权责任的，加害人应当承担侵权责任。

法律可以就危险、缺陷或者其他可归责性事由，规定前款规定的侵权责任。

适用无过错责任的侵权责任，得适用法律关于限额赔偿

的规定。

适用无过错责任的侵权责任,受害人能够证明加害人有过错的,可以适用本法第三条规定的过错责任确定侵权责任。

第六条 【替代责任】

在法律明文规定的情况下,须对他人实施的侵权行为负责的人,应当承担侵权责任。

欠缺责任能力人实施的行为造成他人私法权益损害的,其亲权人或者监护人依照前款规定承担侵权责任。

第三章 损　　害

第七条 【损害的界定】

损害,是指对他人受法律保护的私法权益进行侵害所造成的财产上或者非财产上的不利益。

第八条 【损害的类型】

下列情形,属于本法第七条规定的损害:

(一)人身损害,是指受害人因生命权、健康权、身体权受到侵害而造成的死亡、伤残、身体完整性损害以及因此造成的财产或者非财产上的不利益。

(二)财产损害,是指受害人因物权、债权、知识产权以及其他财产法益受到侵害而造成的财产上的不利益,包括

财产的现实减损和可得利益的丧失。

（三）人格财产利益损害，是指受害人精神性人格权受到侵害而造成的财产利益的损害。

（四）精神损害，是指受害人因人格权、身份权等私法权益受到侵害而造成的精神上、肉体上的痛苦以及其他人格和身份上的不利益；包含人格因素的特定物品受到侵害，造成人格利益损害的，视为精神损害。

第九条　【损害私法权益的位阶与冲突】

本法对不同性质的私法权益，依照下列顺序予以保护：

（一）人的生命、健康、身体、自由、尊严和人格完整性；

（二）其他人格权益、身份权益；

（三）物权、债权、知识产权等财产权益。

前款规定的私法权益之间发生冲突时，对位阶较高的私法权益优先予以保护。

第十条　【预防减少损害而支出的合理费用的损失】

在侵权行为发生后，受害人为预防或者减少损害而支出的合理费用，视为损害的内容，应当获得赔偿。

因权益救济而支出的律师费、调查费等合理费用，视为前款规定的损害。

第十一条　【损害的证明】

受害人应当对损害的存在及其范围和程度负举证责任，

法律对损害的证明有特殊规定的除外。

当对损害数额的证明过于困难或者证明费用过巨时,法院可以依据公平原则酌定损害数额。

第四章 因 果 关 系

第十二条 【因果关系的界定】

没有加害行为就不会造成损害的,则行为与损害间存在事实因果关系。

具备事实因果关系之加害行为通常足以导致该损害的,得认定该行为与该损害之间存在法律因果关系。

基于法规范目的以及加害人行为自由与受害人权益保障均衡考虑的目的,可以适当调整法律因果关系的认定标准。

第十三条 【因果关系的类型】

加害行为与损害之间存在法律因果关系的,为侵权责任成立的因果关系。

加害行为与损害的范围和程度之间存在的法律因果关系,为侵权责任承担的因果关系。

第十四条 【因果关系的证明责任】

受害人承担侵权责任成立的因果关系和侵权责任承担的因果关系的举证责任。

第十五条 【因果关系推定：举证责任倒置与举证责任缓和】

法律规定因果关系推定的，受害人对因果关系的证明不负举证责任，从加害行为与损害事实的特定联系，推定二者具有因果关系；但加害人能够证明推翻该推定的除外。

依据一般经验法则，受害人没有能力提供足够的证据，证明加害行为与损害之间因果关系达到高度盖然性标准，但已经达到盖然性标准要求的，得认为其已经完成举证责任，由加害人举证证明不存在因果关系；加害人能够推翻该证明的，得认定不存在因果关系。

第五章 故意与过失

第十六条 【故意】

故意，是指加害人明知自己实施的行为可能造成他人损害，希望或者放任该损害发生的心理状态。

第十七条 【故意的证明】

证明故意，应当证明加害人对损害的明知。应当在考虑受害人举证的基础上，结合加害人实施行为时的情境、行为方式以及加害人的智识经验、受侵害的私法权益的明显性等因素，认定加害人是否对损害的发生具有明知。

加害人明知损害会发生，而继续实施能够造成该损害的行为，得认定其希望或者放任该损害的发生。

第十八条 【过失】

过失,是指加害人对损害的发生虽非故意,但应当注意并能够注意而未予注意的心理状态。

在通常情况下,加害人违反了其在实施侵权行为时具体情境中应当遵守的注意义务的,得认定其有过失。

第十九条 【过失的程度】

过失依据下列情形,分为不同程度:

(一)重大过失,是指行为人违反了社会上普通人稍加留意即可避免损害的注意义务;

(二)客观轻过失,是指行为人违反了善良管理人应有的注意义务;

(三)主观轻过失,是指行为人违反了与处理自己的事务为同一的注意义务。

第二十条 【过失的证明】

受害人证明过失,应当证明行为人对实施该行为时所应负有的注意义务。能够证明负有注意义务而未履行者,其过失证明成立。证明不同程度的注意义务,应当依据法律规定判断。

因行为人年龄、精神或者身体的障碍等因素,得适当调整注意义务人的行为标准。

判断律师、会计师、建筑师或者医师等专家责任人的过失,应当以行为时行业水准应具有的注意义务为标准。

法律规定过失推定的,加害人证明自己没有过失的标准,是加害人自己已经尽到注意义务。

第二十一条 【过错程度及意义】

具有过错,加害人对实施的行为造成的损害,应当承担侵权责任。法律另有规定的,加害人仅须就其故意或者重大过失承担侵权责任。

在确定过失相抵和连带责任、按份责任中的责任分担时,应当根据故意、重大过失、客观轻过失和主观轻过失的过错程度轻重,确定责任分担的数额。

第六章 抗辩事由与消灭时效

第一节 抗辩事由

第二十二条 【抗辩事由的界定及证明】

抗辩事由,是指能够阻却侵权责任成立或者减轻侵权责任的法定事由。

加害人或者替代责任人得就前款规定的抗辩事由的成立,并引发的侵权责任的减免,承担举证责任。

第二十三条 【依法执行职务】

依法实施正当履行职责的行为,造成他人损害的,不承担侵权责任,但法律另有特别规定的除外。

第二十四条 【正当防卫】

对于他人的侵权行为,为防卫自己或者第三人的权利或者法益不得已实施了加害行为的人,不负损害赔偿责任。但对防卫过当造成的损害,受到损害的人得对防卫人请求损害赔偿。

第二十五条 【紧急避险】

为避免现实发生的急迫危险,紧急进行避险,造成他人损害的,避险人不承担侵权责任,由引起险情发生的人承担责任。

因紧急避险采取措施不当或者超过必要限度,造成不应有的损害的,避险人应当承担适当的赔偿责任。

危险是由自然原因引起的,紧急避险的受益人应当在其受益范围内适当分担损失。

第二十六条 【自助行为】

为维护自己的合法权益不受侵害,在情况紧急且来不及请求公权力救济的情况下,得对行为人的财产采取必要的保全措施,或者对其人身自由进行适当限制。由此造成对方损害的,自助行为人不承担侵权责任。

自助行为实施后,应当及时向法院或者相关机关申请处理,否则应承担侵权责任。

自助行为超出必要限度,造成不应有的损害的,自助行为人应当承担适当的赔偿责任。

第二十七条 【受害人同意】

受害人同意加害人实施侵权行为的,对由此所致损害,加害人无须承担侵权责任,但该同意违背法律强制性规定或者公序良俗的除外。

人身伤害的事先同意,不影响加害人承担的侵权责任,但法律另有特别规定的除外。

第二十八条 【不可抗力】

因不可抗力造成损害的,行为人不承担侵权责任,但法律另有特别规定的除外。

不可抗力与行为人的行为结合而造成的损害,加害人应当依照其行为的过失程度和原因力大小承担赔偿责任。

第二十九条 【第三人原因】

损害是由第三人引起的,应当由该第三人承担侵权责任,实际行为人不承担责任;法律另有规定的,依照其规定。

第三十条 【受害人原因】

损害完全是因受害人的故意或者过失造成的,行为人不承担责任。

第三十一条 【自甘风险】

受害人明知行为或者活动具有可以预见的危险性,仍然自愿参与,因此遭受损害,明示或者默示自愿承担风险后

果,不违反公序良俗、法律强制性规定的,行为人不承担侵权责任。

第二节 消灭时效

第三十二条 【一般消灭时效】
侵权责任的消灭时效期间为三年。
侵害生命、健康、身体的,消灭时效期间为五年。

第三十三条 【消灭时效的起算点】
消灭时效期间从知道或者应当知道权益被侵害及赔偿责任人时起计算。但侵权行为处于继续状态中的,自侵权行为结束时起算。

第三十四条 【消灭时效期间的计算与最长时效】
从权益被侵害之日起超过二十年的,不予保护。有特殊情况的,法院得延长消灭时效期间。

第七章 救济方式与责任保险

第一节 损害的一般救济方式

第三十五条 【损害赔偿】
受害人有权要求赔偿责任人以支付金钱的方式,使其受到损害的私法权益恢复到如侵权行为未曾发生的状态。

第三十六条 【侵权禁令】

权利人有证据证明他人正在实施或者即将实施侵犯其私法权益的行为,如不及时制止将会使其私法权益受到损害的,可以申请法院发布禁令。禁令停止的有关行为涉及财产利益内容的,申请人应当提供相应的担保。

法院得根据申请,向相对人发布禁令,责令其停止有关行为。

禁令一经发布,应当立即执行。

第三十七条 【侵权救济方式的适用】

侵权救济方式可以单独适用,也可以合并适用。

受害人在法律上或者事实上可能的范围内,可以选择请求适用的侵权救济方式,但不得加重赔偿义务人的负担,或者违反诚实信用原则。

第二节 损害赔偿的一般规定

第三十八条 【赔偿权利人的范围】

赔偿权利人包括财产或者非财产权益受到直接侵害的受害人。

胎儿的人身受到伤害的,其出生后为赔偿权利人。

死者的人格利益受到侵害的,死者的配偶、父母和子女为赔偿权利人;没有配偶、父母和子女的,其四亲等以内的亲属为赔偿权利人。

自然人死亡的,赔偿权利人包括下列人员:

（一）自然人的配偶、父母和子女为赔偿权利人；没有配偶、父母和子女的，其四亲等以内的亲属为赔偿权利人。

（二）自然人生前依法承担或者应当承担扶养义务的被扶养人为赔偿权利人。

（三）为受害人支付医疗费、丧葬费等合理费用的人，就请求侵权人赔偿该费用，得为赔偿权利人。

第三十九条 【损害的范围】

损害的范围，包括受害人因侵权行为所受损害和所失利益。

第四十条 【完全赔偿】

确定损害赔偿，应当以侵权行为所造成的损害和所失可得利益为准，予以全部赔偿，但法律另有特别规定的除外。

第四十一条 【维持最低生活标准与损害赔偿的缩减】

确定自然人承担损害赔偿责任时，应当为其保留维持最低生活保障、履行法定扶养义务和支付被抚养的未成年人的教育所必需的费用。

完全赔偿可能造成其无法承受上述负担的，得依其请求适当缩减赔偿金额。

确定具体的缩减数额，应考虑侵权人的主观恶意或者过失程度、受侵害权益的性质、损害的大小以及对受害人的影响等因素。

第四十二条 【对未来损害的赔偿方式】

对于未来的损害,当事人可以协商采用定期金赔偿或者一次性赔偿。

协商采取定期金赔偿的,加害人应当提供相应的财产担保。

协商采取一次性赔偿的,加害人应当一次性承担赔偿责任,但应扣除对未来损害赔偿的期限利益。

当事人对本条第一款规定的赔偿方式协商不成的,法院得根据实际情况决定赔偿方式,但应当优先适用定期金赔偿。

第四十三条 【损益相抵】

侵权行为在造成损失的同时,又使受害人受有利益的,应当从损害赔偿额中扣除其所得的利益,但此种扣除与受益目的不一致的除外。

第三节 人身损害赔偿

第四十四条 【人身损害的界定】

侵害他人人身,造成受害人伤、残或者死亡的,应当承担人身损害赔偿。

造成身体完整性损害,无法计算其实际损失的,应当承担名义的损害赔偿。

第四十五条 【对胎儿健康损害的救济】

胎儿在出生前遭受侵权行为损害的,得依照实际损害确

定人身损害赔偿责任。胎儿出生时为死体的,其母得主张人身损害赔偿。

第四十六条 【错误出生】
因医疗机构产前诊断过失,未能发现胎儿存在的身体缺陷,导致具有严重残疾的胎儿出生的,其父母得就因其该子女严重残疾而支出的额外抚养费用主张损害赔偿。

医务人员因其过失,在孕检中未能给孕妇提供正确信息,导致孕妇耽误本可及时作出是否终止妊娠决定的机会,最终导致有严重残疾或者遗传疾病的子女出生的,应当就该错误出生之受害人合理的实际需要,确定损害赔偿责任。

第四十七条 【生存或治愈机会损失的救济】
因加害行为破坏或者降低生存机会或者治愈机会的受害人,得就丧失的机会损失主张损害赔偿。

主张前款规定的机会损失赔偿,受害人须证明加害行为与机会丧失之间具有因果关系。

第四节 财产损害赔偿

第四十八条 【财产损害赔偿范围】
侵害他人物权、知识产权等财产性私法权益,造成损害的,应当赔偿该财产性权益因侵权行为造成的价值丧失或者贬损,包括恢复其原有价值所支出的费用。

明知他人享有的债权并对其进行侵害的,对于造成的损

害应当予以赔偿。

第四十九条 【财产损害计算方法】

所受损害按照损失的实际范围计算。能够用市场价格计算的,按照损害发生时或者侵权责任确定时的市场价格计算。没有市场价格,或者按照市场价格计算明显不公的,根据实际情况确定赔偿数额。

计算所失利益,应当根据可得利益的客观情况计算,避免不适当地扩大或者缩小财产损害赔偿数额。

第五十条 【可预见规则】

侵权人非因故意造成他人财产损害,实际损失超出其可预见范围的,可以适当减轻其损害赔偿责任。

第五节 精神损害赔偿

第五十一条 【精神损害赔偿范围】

侵害他人人身性私法权益,造成精神损害的,受害人可以请求精神损害赔偿。

侵权行为造成受害人死亡或者严重人身伤害,给其配偶、父母、子女造成严重精神损害的,其配偶、父母、子女可以请求精神损害赔偿。

第五十二条 【其他人身权益的损害救济:公开权】

侵害姓名权、肖像权、隐私权等人身性私法权益造成

财产利益损害的，按照受害人受到的实际损害或者侵权人因此获得的利益计算。两者均难以确定，且受害人和加害人就赔偿数额协商不成的，法院得根据实际情况确定赔偿数额。

第五十三条 【侵害包含人格因素的物的精神损害赔偿】
侵害具有象征意义的特定纪念物品等含有人格因素的物，造成物权人严重精神损害的，得请求精神损害赔偿。

第五十四条 【震惊损害赔偿】
因身处加害行为危险区域，目睹其配偶、子女、父母遭受人身伤害的残酷情境，受到严重精神损害的，得请求精神损害赔偿。

目睹与其共同生活的祖父母、外祖父母、孙子女、外孙子女或者兄弟姐妹遭受人身伤害的残酷情境，受到重大精神损害的，准用前款规定。

第五十五条 【精神损害赔偿数额确定】
精神损害赔偿的数额根据下列因素确定：

（一）受害人或者其配偶、子女、父母所遭受精神痛苦、肉体痛苦的程度；

（二）受害人的收入水平和生活状况；

（三）加害人的过错程度；

（四）侵权行为的手段、场合、方式等具体情节；

（五）侵权行为造成的后果；
（六）加害人承担责任的经济能力；
（七）受诉法院所在地的平均生活水平。

第六节 责 任 保 险

第五十六条 【责任保险的替代性】

部分或者全部损害属于法定或者商业责任保险范围的，受害人可以向保险人主张保险责任，也可以向赔偿责任人主张侵权责任。法律另有特别规定的，依照其规定。

第五十七条 【责任保险不足的赔偿责任】

保险人履行保险责任后，受害人的损害未得到全部赔偿的，得继续向赔偿责任人主张侵权责任。

第八章 多数人侵权行为与责任

第一节 共同侵权行为

第五十八条 【主观的共同侵权行为】

数人故意实施共同侵权行为，侵害他人私法权益，造成损害的，应当承担连带责任。

第五十九条 【教唆、帮助实施侵权行为与混合责任】

教唆、帮助他人实施侵权行为的，教唆人、帮助人应当

与行为人承担连带责任。

教唆无责任能力人实施侵权行为的,教唆人应当承担侵权责任。

教唆限制责任能力人、帮助无责任能力人或者限制责任能力人实施侵权行为的,应当承担连带责任;该无责任能力人或者限制责任能力人的亲权人或者监护人未尽到监护责任的,应当承担与其过失相应的责任。

第六十条 【团伙成员】

部分团伙成员实施加害行为,造成他人损害的,该团伙的其他任一成员均应对损害承担连带责任,但能够证明该加害行为与团伙活动无关的除外。

第六十一条 【客观的共同侵权行为】

数人虽无共同故意,但其行为造成同一损害结果,具有共同的因果关系,且该损害结果无法分割的,应当承担连带责任。

第六十二条 【共同危险行为】

二人以上实施有危及他人人身、财产安全的危险行为,其中一人或者数人的行为造成他人损害,不能确定具体加害人的,应当承担连带责任。

只能证明自己的行为没有造成该损害的,不能免除前款规定的赔偿责任。

第六十三条 【原因累积】

数人实施侵权行为，造成同一损害，每个行为人实施的行为都足以造成全部损害的，行为人承担连带责任。

数人实施侵权行为，造成同一损害，有的行为人实施的行为足以造成全部损害，有的行为人实施的行为能够造成部分损害的，就共同造成损害的部分，行为人承担连带责任。

第二节 按份责任与连带责任

第六十四条 【按份责任】

数人分别实施侵权行为，造成同一个损害结果，损害后果可以分割，法律没有规定承担其他责任分担形态的，应当按份承担赔偿责任。

按份责任人得拒绝超过其应当承担的责任份额的赔偿请求。

第六十五条 【连带责任及其分担和二次分担】

法律规定应当承担连带责任的，受害人可以向连带责任人中的一人、数人或者全部请求承担赔偿责任，但合计不得超过损害赔偿责任的总额。

已经承担了超出自己应当承担的最终责任份额的连带责任人，有权就其超出部分，向其他未承担责任的连带责任人请求分担。

部分连带责任人不能承担或者无法全部承担其最终责任

份额的，其不能承担的部分，由其他连带责任人按各自最终责任比例二次分担。

第六十六条 【最终责任份额的确定】
确定最终责任人的最终责任份额，应当考虑下列因素：
（一）过错程度；
（二）原因力大小；
（三）客观危险程度；
（四）其他法定事由。
不能依前款规定的方法确定最终责任份额的，应当平均分担赔偿责任。

第六十七条 【分摊请求权】
分摊请求权，是指承担超过自己最终责任份额的责任人，向其他责任人请求承担相应的最终责任的请求权。

第六十八条 【连带责任中的混合责任】
依照法律规定，在连带责任中，部分责任人应当承担连带责任，部分责任人应当承担按份责任的，承担连带责任的人应当对全部责任负责；承担按份责任的人只对该负按份责任的份额承担赔偿责任，得拒绝受害人提出的超出其责任份额的赔偿请求。
承担了连带责任的责任人，对于超出自己最终责任份额的部分，有权向其他连带责任人或者按份责任人请求分摊。

第三节　其他多数人侵权与责任

第六十九条　【不真正连带责任及追偿】

基于同一个损害事实产生两个以上的赔偿请求权，数个请求权的救济目的相同，但只有一个责任人是最终责任人，法律对请求权的行使顺序没有特别规定的，受害人可以选择其中一个或者数个请求权行使，请求承担赔偿责任。受害人获得全部赔偿之后，全部请求权消灭。

受害人请求承担责任的责任人不是最终责任人的，承担中间性责任的责任人在承担了赔偿责任后，有权向最终责任人追偿。

第七十条　【非最终责任人先承担责任及追偿】

基于同一个损害事实产生两个以上的赔偿请求权，数个请求权的救济目的相同，但只有一个责任人是最终责任人，法律规定只能向非最终责任人请求赔偿的，受害人只能向非最终责任人请求赔偿。非最终责任人赔偿后，有权向最终责任人追偿。

符合前款规定的情形，应当承担中间性责任的非最终责任人丧失赔偿能力，不能承担赔偿责任的，受害人可以向最终责任人请求承担赔偿责任。

第七十一条　【补充责任及追偿、分摊】

基于同一个损害事实产生两个以上的赔偿请求权，数

个请求权的救济目的相同,法律规定为补充责任的,受害人应当首先向直接责任人请求赔偿。直接责任人不能赔偿或者赔偿不足的,受害人可以向补充责任人请求承担赔偿责任。补充责任人承担补充责任后,有权向直接责任人行使追偿权。

前款规定的补充责任,补充责任人与最终责任人之间存在最终责任分担的,承担了超过自己责任份额的责任人可以向其他责任人追偿。

第九章 产品责任

第七十二条 【*产品定义*】

本法所称产品,是指经过加工、制作,用于流通的动产。

建设工程不属于产品,但建设工程中使用的建筑材料、构配件和设备等,属于前款规定的产品范围的,属于产品。

下列用于销售的物品,视为本法所称的产品:

(一)利用导线输送的电能以及利用管道输送的油品、燃气、热能或者水;

(二)计算机软件和类似电子产品;

(三)用于销售的微生物制品、动植物制品、基因工程制品或者人类血液制品。

第七十三条 【*产品缺陷类型*】

产品缺陷,是指产品存在的危及人身、财产安全的不合

理危险。下列情形为产品缺陷：

（一）制造缺陷，是指产品背离其设计意图而具有的不合理危险。

（二）设计缺陷，是指可以通过采纳合理替代性设计而减少或者避免损害，而没有采纳合理替代性设计，致使产品不具有合理性安全的不合理危险。

（三）警示说明缺陷，是指产品具有合理危险，可以通过提供充分的说明或者警示而避免损害，但没有提供该说明或者警示，或者说明、警示不充分，致使产品包含的合理危险转化而成的不合理危险。

第七十四条 【产品缺陷的推定】

产品造成的损害属于通常能因产品缺陷引起的类型，且在该具体案件中的损害不是因产品在出售或者分发时存在的缺陷以外的原因引起的，推定产品在交付时存在缺陷。

第七十五条 【生产者与销售者中间性责任的无过错责任及追偿】

因产品存在缺陷，造成他人人身损害或者缺陷产品以外的财产损害的，受害人可以向缺陷产品的生产者或者销售者请求承担赔偿责任。

销售者承担赔偿责任后，有权向生产者追偿，但生产者能证明缺陷是由销售者的过错引起的除外。

产品缺陷是由销售者的过错造成的，生产者承担赔偿责

任后，有权向销售者追偿。

第七十六条　【生产者的无过错最终责任】
产品缺陷是由生产者造成的，生产者应当承担赔偿责任，不得向销售者追偿。

第七十七条　【产品责任的免责事由】
生产者能够证明有下列情形之一的，不承担赔偿责任：
（一）未将产品投入流通的；
（二）产品投入流通时，引起损害的缺陷尚不存在的；
（三）将产品投入流通时的科学技术水平尚不能发现缺陷的存在的。

第七十八条　【售后警告与产品召回及责任】
产品投入流通前没有发现存在缺陷，在投入流通后，生产者发现产品存在合理危险的，应当以充分、有效的方式向买受人发出警示，说明防止损害的正确使用方法，防止损害发生。未履行或者未合理履行售后警示义务，致使造成损害的，应承担赔偿责任。

产品投入流通后，生产者发现产品存在缺陷能够致人损害的，应当及时采取合理、有效措施对该产品予以召回。未履行或者未合理履行产品召回义务致人损害的，应承担赔偿责任。

销售者协助生产者履行本条第一款和第二款规定的义务。

第七十九条 【运输者、仓储者责任】

因运输者、仓储者的原因使产品存在缺陷的,生产者或者销售者应当承担赔偿责任。生产者或者销售者承担赔偿责任后,有权向运输者、仓储者追偿。

生产者、销售者不能承担赔偿责任的,受害人得直接向运输者、仓储者请求承担损害赔偿责任。

第八十条 【产品质量担保者责任】

产品质量检验机构、认证机构出具的检验结果或者证明不实,造成损害的,应当与产品的生产者、销售者承担连带责任。

对产品质量作出承诺、保证,且该产品不符合其承诺、保证的质量要求,造成损害的,承诺人、保证人与产品的生产者、销售者承担连带责任。

第八十一条 【虚假广告责任】

生产者、销售者利用虚假广告或者其他虚假宣传方式提供产品造成损害的,依照本法的规定承担产品责任。

广告经营者、广告发布者明知或者应知广告或者其他宣传方式为虚假,仍然设计、制作、发布的,对缺陷产品造成的损害,与缺陷产品的生产者、销售者承担连带责任。

在虚假广告或者其他虚假宣传方式中推荐产品,推荐人就该缺陷产品造成的损害,与前款规定的责任人承担连带责任。

第八十二条 【传统交易平台提供者责任】

集中交易市场的开办者、柜台出租者、展销会举办者等交易平台提供者未尽必要管理义务，就缺陷产品造成的损害，受害人得请求产品的生产者、销售者承担责任，亦得请求有过错的交易平台提供者承担责任；但交易平台提供者事先承诺先行赔付的，依照其承诺承担责任。交易平台提供者承担赔偿责任后，有权向产品的生产者或者销售者追偿。

交易平台提供者明知销售者或者生产者利用其平台侵害消费者私法权益的，应当与该销售者或者生产者承担连带责任。

第八十三条 【网络交易平台提供者责任】

通过网络交易平台购买的产品有缺陷造成损害的，受害的消费者得向销售者或者生产者请求赔偿。

网络交易平台提供者不能提供销售者或者生产者的真实名称、地址和有效联系方式的，受害的消费者得向网络交易平台提供者请求赔偿；网络交易平台提供者承诺先行赔付的，依照其承诺承担责任。网络交易平台提供者赔偿后，有权向销售者或者生产者追偿。

网络交易平台提供者明知销售者或者生产者利用其平台侵害消费者私法权益，未采取必要措施的，应当与该销售者或者生产者承担连带责任。

网络用户利用网络非交易平台销售产品，造成他人损害，网络交易平台提供者为其提供价金托管支付等服务的，准用本条第二款和第三款规定确定赔偿责任。

第八十四条 【原、辅材料和零部件提供者责任】

向生产者提供有缺陷的原、辅材料,生产者用该材料制造的产品存在缺陷致人损害的,由生产者承担赔偿责任。生产者承担赔偿责任后,有权向缺陷原、辅材料的提供者追偿。受害人也可以直接向有缺陷的原、辅材料的提供者请求承担赔偿责任。

零部件提供者提供的零部件有缺陷的,适用前款规定。

第八十五条 【二手商品、再造商品的责任】

二手商品的销售者视为生产者。该产品尚处于质量保证期内的,原生产者承担质量保证责任。

再造商品的原生产者不承担产品责任,但损害是因原产品固有缺陷造成的除外。

第八十六条 【食品致害的特别规定】

食品的生产者、销售者生产、销售的食品虽然符合质量标准,但仍然造成了消费者严重人身损害的,应当依照本法第七十四条规定推定该产品存在缺陷。

作为食品销售的初级农产品、狩猎品的销售者应当承担产品责任。

第八十七条 【药品、血液致害的特别规定】

药品的生产者、销售者应当对药品不存在缺陷承担举证责任;不能证明缺陷存在的,应当对缺陷药品造成的损害承

担赔偿责任。

血液提供机构应当对血液符合相关标准承担举证责任；不能证明血液符合相关标准的，应当承担赔偿责任。依照行为时的科学技术尚不能发现血液存在致害可能的，对于造成的损害应当承担适当的补偿责任。

第八十八条 【有关烟草等有害健康警示的不可免责性】

烟草等产品的生产者、销售者仅就烟草有害健康作出警示，不视为已经尽到警示说明义务。

第八十九条 【造成人身损害的超出实际损失的赔偿】

生产者、销售者因故意或者重大过失使产品存在缺陷，或者明知生产或者销售的产品存在缺陷，可能造成他人人身损害，仍然生产或者销售，造成他人损害的，受害人可以请求生产者、销售者在赔偿实际损失之外，另行支付超过本法第三十九条规定以外的赔偿金。

前款规定的赔偿金，应当根据责任人的恶意程度及造成的损害后果，在必要的限度内确定。

第九十条 【产品责任的最长保护期】

缺陷产品致人损害的赔偿请求权，在造成损害的缺陷产品交付最初消费者后满十五年丧失；但尚未超过明示的安全使用期的除外。

第十章　环境污染责任

第九十一条　【环境污染的无过错责任】
因污染环境造成损害的，污染者应当承担侵权责任。

第九十二条　【环境污染的因果关系推定】
因污染环境发生纠纷，受害人初步证明污染行为与损害之间有可能存在因果关系的，污染者应当就其污染行为与受害人的损害之间不存在因果关系承担举证责任；污染者不能证明或者证明不足的，认定因果关系成立。

第九十三条　【符合法定标准排放抗辩的排除】
污染者排污符合所在法域法定标准，仍然污染环境造成损害的，污染者应当承担侵权责任。

第九十四条　【多数人排放污染造成损害的赔偿责任】
两个以上污染者分别实施污染行为造成同一损害，每一个污染者的污染行为都足以造成全部损害的，应当承担连带责任。

两个以上污染者分别实施污染行为造成同一损害，每一个污染者的污染行为都不足以造成全部损害的，应当依照各自行为的原因力大小承担责任。

两个以上污染者分别实施污染行为造成同一损害，部分

污染者的污染行为足以造成全部损害,部分污染者的污染行为只造成部分损害的,足以造成全部损害的污染者与其他污染者就共同造成的损害部分承担连带责任,并对其余损害承担赔偿责任。

第九十五条 【无现实人身损害污染环境责任的承担】
任何人或者机构因持有某种高度污染危险设施,或者从事基于行为本身性质或者所使用方法的性质,而存在污染危险的行为,即使遵守相关的法律规定,但对环境造成明显损害的,无论有无过错,环境主管部门应当根据环境受损度,请求污染者承担赔偿责任,并将赔偿金纳入环境污染治理基金。

第九十六条 【第三人原因】
污染环境造成损害的发生可归责于第三人时,受害人得向污染者或者第三人请求赔偿;污染者承担赔偿责任后,有权向第三人追偿。

第九十七条 【消除起因及恢复原状】
造成环境污染损害的,污染者除了承担相应的环境侵权财产损害赔偿责任外,还应当消除环境污染的起因或者排除其危害,并将环境恢复至如同未曾发生时的状态,或者将其恢复至相当于原有的环境状态,或者承担与消除起因、恢复原状等行为有关的费用支出。

第九十八条 【对恶意污染环境造成损害超出实际损失的赔偿】

因故意或者重大过失污染环境,或者其行为具有污染环境的实质可能性却继续从事该行为,造成环境污染的,受害人得请求污染者在承担实际损失赔偿之外,另行支付超过本法第三十九条规定以外的赔偿金。

第九十九条 【环境污染的消灭时效】

因环境污染损害而享有的环境侵权损害赔偿请求权,适用本法第三十二条的规定。应当承担赔偿责任的污染者相互之间的追偿权,自履行其环境侵权损害赔偿责任时起,经过三年,完成消灭时效。

第一百条 【环境公益诉讼】

对于损害公共卫生、环境、生活质素等社会公共利益的行为,任何人或者相关利益团体、政府及检察院,都有提起或者参与民事侵权之诉的权利。

第十一章 网络侵权责任

第一百零一条 【网络侵权承担责任的一般规则】

网络用户、网络服务提供者利用网络侵害他人私法权益,造成损害的,应当承担侵权责任。

网络服务提供者,包括网络平台服务提供者与网络内容

服务提供者。

第一百零二条 【"避风港"原则的适用】

网络用户利用网络服务实施加害行为,造成他人私法权益损害的,权利人有权通知网络服务提供者采取删除、屏蔽、断开链接等技术上可能的必要措施,消除损害后果。网络服务提供者接到通知后,未在合理期间内采取必要措施的,对损害的扩大部分,与该网络用户承担连带责任。

第一百零三条 【通知及要件与形式】

除紧急情况外,通知应当以书面形式作出。书面形式,是指纸质信件和数据电文等可以有形表现所载内容的形式。

通知应当具备下列内容:

(一)通知人的姓名(名称)、联系方式和地址;

(二)要求采取必要措施的侵权内容的网络地址,或者足以准确定位侵权内容的相关信息;

(三)构成侵权的初步证明材料;

(四)通知人对通知书的真实性负责的承诺。

发送的通知不具备上述内容的,视为未发出有效通知,不发生通知的后果。

第一百零四条 【合理期间的确定】

确定本法第一百零二条规定的合理期间,应当考虑下列因素:

（一）被侵害私法权益的重大性；
（二）采取必要措施的技术可能性；
（三）采取必要措施的紧迫性；
（四）权利人要求的合理期间。
在通常情况下，合理期间为二十四小时。

第一百零五条 【损害扩大部分的计算】
损害的扩大部分，指从通知到达网络服务提供者时开始，至采取必要措施消除损害影响为止的期间内，发生的私法权益损害。

第一百零六条 【采取必要措施的通知转达或公告义务】
网络服务提供者采取必要措施后，应当立即将通知转送被指控侵权的网络用户，无法转送的，应当将通知内容在同一网络上进行公告。

第一百零七条 【反通知及要件与形式】
网络用户接到通知或者知悉公告后，认为其提供的内容未侵害他人私法权益的，可以向网络服务提供者提交书面反通知，要求恢复其发布内容的初始状态。
反通知应当具备下列内容：
（一）反通知人的姓名（名称）、联系方式和地址；
（二）要求撤销已经采取必要措施的内容、名称和网络地址；

（三）被采取必要措施的行为不构成侵权的初步证明材料；

（四）反通知人对反通知书的真实性负责的承诺。

第一百零八条 【网络服务提供者对反通知的处理】

网络服务提供者接到网络用户的书面反通知后，应当及时恢复其发布内容的初始状态，同时将网络用户的反通知转送通知人，但认为发布内容明显侵权的除外。

第一百零九条 【对反通知不服的诉讼】

网络服务提供者依照反通知人的要求，恢复其发布内容的初始状态后，通知人不得再通知网络服务提供者采取删除、屏蔽、断开链接等措施，但可以向法院起诉。

第一百一十条 【错误通知发送人的赔偿责任】

通知人发送的通知错误，网络服务提供者据此采取必要措施，造成被通知人损失的，通知人应当承担赔偿责任。

第一百一十一条 【"红旗原则"的适用】

网络服务提供者知道网络用户利用其网络服务侵害他人私法权益，未采取必要措施的，与该网络用户承担连带责任。

第一百一十二条 【知道的判断方法】

知道，是指网络服务提供者明知或者能够证明其已经知

道网络用户实施了侵权行为。

第十二章　侵害公开权的侵权责任

第一百一十三条　【侵害公开权的责任】
个人和团体对于自然人和自然人团体对于自己的人格标志，享有予以商品化利用的权利，即公开权。

未经公开权人许可，以广告、招贴画、竖立式广告牌、大众消费产品、定期刊物等方式，使用他人具有人格特征标志的物、照片、电影、电视剧、话剧、音乐、美术作品等的，应当承担侵权责任。

第一百一十四条　【公开权的保护期限】
公开权的保护期间为其权利人生存或者自然人团体存续期间，以及死亡或者自然人团体解散后的三十年内。

两个以上的自然人或者自然人团体共同享有的公开权的保护期间，为最后死亡的自然人死亡，或者自然人团体解散的权利人死亡或自然人团体解散，之后的三十年内。

上述保护期限，自权利人死亡或者解散后的下一年起计算。

第一百一十五条　【公开权人的请求权】
公开权人有权要求侵权人停止侵害、排除妨碍，或者要求可能造成损害之虞者予以消除危险。

公开权人依照前款提出请求时，可以请求销毁涉侵权物或者采取其他必要措施。

公开权人因侵权行为遭受财产损害和精神损害的，有权要求侵权人承担损害赔偿责任。

第一百一十六条 【损害赔偿的计算】

侵害公开权的损害赔偿，应按下列标准中的较高标准计算：

（一）侵权人因侵权行为所得利益；

（二）权利人通常行使其权利可获得的财产价值。

权利人受到的财产损害价值超过依照前款规定确定的金额时，得对其超过部分请求损害赔偿。

根据本条第一款和第二款规定的标准难以确定损害赔偿金额时，法院可以根据实际情况酌定损害赔偿金额。

第一百一十七条 【因损害人格造成的精神损害赔偿】

公开权人除得向侵权人请求财产损害赔偿外，还可请求精神损害赔偿，并同时请求采取恢复名誉等必要措施。

第一百一十八条 【公开权人死亡后的权利保护】

公开权人死亡时，其继承人可继承其该权利，但被继承人生前明确表示反对的除外。

公开权人得以遗嘱方式，将其公开权遗赠与他人，并可附加使用方式和范围等的限制或期限。

以继承或者受遗赠取得公开权者,可向侵权人主张侵权责任。

第一百一十九条 【转让】
公开权得以合同全部或者部分转让,但不得概括转让尚未发生之权利。

受让人超出其转让合同约定的范围使用人格标志的,公开权人可要求其承担侵权责任。

第一百二十条 【许可使用】
公开权人得许可他人使用人格标志。被许可人得在受许可的范围和条件内使用人格标志。

未经过公开权人同意,被许可人不得允许第三人使用该人格标志。

被许可人超出许可范围或者条件使用人格标志,或者允许第三人使用人格标志的,公开权人得向被许可人主张侵权责任。

第一百二十一条 【侵害自然人团体的公开权】
自然人组成的团体共同享有的公开权受到侵害的,团体成员得以其权利份额为限主张侵权责任。

第一百二十二条 【网络服务提供者的责任】
网络服务提供者侵害他人公开权的,准用本示范法第十一章的规定。

Model East-Asian Tort Law
(Provisional Version)

Principally passed by the General Meeting of the Academy for East-Asian Tort Law on 21 November 2015.

Last update: 28 April 2016.

Translated by Zhicheng WU & Zhu WANG[*]

Table of Contents

Introductory Text

Chapter I: Legislative Purposes and Scope of Protection

---

[*] Zhicheng WU, DPhil Law Candidate, Faculty of Law, University of Oxford. Email: zhicheng.wu@law.ox.ac.uk.

Zhu WANG, *LLD.*, Professor of Sichuan University Law School, Deputy Director of Institute for Chinese Tort Law of Research Center for Civil and Commercial Jurisprudence of Renmin University of China, Researcher of Sino-European Tort Law Institute of Yantai University. Email: wangzhu@scu.edu.cn.

Chapter II: Bases for Imposing Tort Liability and Forms to Bear Liability

Chapter III: Damage

Chapter IV: Causation

Chapter V: Intention and Negligence

Chapter VI: Defences and Limitation Periods
   Section One: Defences
   Section Two: Limitation Periods

Chapter VII: Remedies and Liability Insurance
   Section One: Common Forms of Remedies for Damage
   Section Two: General Provisions of Compensation for Damage
   Section Three: Compensation for Physical Injury
   Section Four: Compensation for Property Damage
   Section Five: Compensation for Emotional Harm
   Section Six: Liability Insurance

Chapter VIII: Torts Involving Multiple Tortfeasors and Liabilities
   Section One: Joint Tortious Act
   Section Two: Several Liability, and Joint and Several Liability
   Section Three: Miscellaneous Other Kinds of Torts and Liabilities Involving Multiple Tortfeasors

Chapter IX: Products Liability

Chapter X: Liability for Environmental Pollution

Chapter XI: Tort Liability on the Internet

Chapter XII: Tort Liability for Infringement on Right of Publicity

Introductory Text

Tort law is a law protecting both private rights and interests, and limiting tort liabilities. To protect rights and interests in private law is to underpin the basis of private law. To limit tort liabilities is to defend liberties of individuals and legal entities in private law. Located on the west coast of the Pacific Ocean, East Asia is one of the regions with highest density of population as well as with highest speed of economic development in the world. The emergence of the East Asian common market is of great importance in terms of social and economic development even from the world's perspective. To promote the continuity of the social wellbeing and economic prosperity, it is necessary not only to protect private rights and interest of the participants in the East Asian common market, but also to defend liberties of individuals and legal entities in private law. As a result, the importance of the role of tort law is unquestionable. However, the differences in tort legislation among various jurisdictions in East Asia may to some extent impede the capital accumulation, movement of labour, social connection and protection of rights and interest at the international level, thus impede the orderly development of the East Asian common market together with rights and interests of individuals and entities in these jurisdictions. It is therefore proposed by all the East Asian jurisdictions to draft a model law in the field of tort with a shared value, coherent principles, and practicable rules in order to harmonize various tort liabilities, to determine the methods of regulation in a multi-jurisdiction context.

The Academy for East-Asian Tort Law is an organisation aiming at a united league of tort law academics and practitioners in East Asian jurisdictions and other Asian jurisdictions to research the legislation, adjudication and academic theories of each of the East Asian jurisdictions, and to promote the development of the field of tort law. After cooperative work for several years, a draft of model law is hereby provided to be a source of reference for the unification of tort legislation in each of the East Asian jurisdictions, and even as the pioneer of that of the entire Asian jurisdictions. It is also hoped that this model law could help the tort law in East Asia join the trend of the unification of tort law at the global level.

Although the nature of this model law, being a mere collection of ideas of the Academy for East-Asian Tort Law and an outline of soft law regarding the unification of East Asian tort law without any binding effect on any of the jurisdictions, it is nevertheless expected:

i) that this model law could influence the legislation of every East Asian jurisdictions, in the sense that when the legislature of these jurisdictions is drafting or modifying general or specific tort legislation, such legislature would directly choose rules of this model law, take rules of this model law into consideration, or treat this model law as one of the blueprints for national legislation;

ii) that rules of this model law could be cited as the legal ground for judgement where there is a tort dispute among individuals and legal entities in East Asian jurisdictions;

iii) that rules of this model law could be cited by judges in East Asian jurisdictions as academic viewpoints when they are deciding tort cases; and

iv) that this model law could serve as subject-matters of research, as well as materials for teaching for tort law academics all over the world.

This model law consists of two parts:

The first part, which includes chapters I to VIII concerns with general tort liability. Topics under this part are: (i) legislative purposes of tort law, (ii) scope of protection; (iii) bases for imposing liability; (iv) forms to bear liability; (v) constituent elements; (vi) defences; (vii) remedies; (viii) liability insurance and (ix) torts involving multiple tortfeasors and liabilities.

The second part, which includes chapters IX to XII, selectively articulates four major special tort liabilities categories of the greatest significance in terms of the value for the unification of East Asian tort law. The first aforementioned category is

'Products Liability' in Chapter IX, which is for the purpose of facilitating the movements of products, protecting consumers' interests, and for a unified set of rules in this field. The second category is 'Liability for Environmental Pollution' in Chapter X, which is for the right to live in a safe, health and eco-balanced environment, the improvement of environment, and the protection of the rights of the victims suffer from pollution. The third category is 'Tort Liability on the Internet' in Chapter XI, which is for the information integration of Ease Asia, the protection of the freedom of online behaviours, the regulation of Internet service, and the protection of private rights and interests of Internet users. The fourth category is 'Tort Liability for Infringement on Right of Publicity' in Chapter XII, which is for the development of the rules regarding the protection of the right of personality in East Asia, for leading the new trend in this field, and for the protection of personality-related labels of individuals. Other species of special tort liabilities are not covered in this model law.

It is expected by all the draftsmen that the making and spread of this model law will not only contribute to the development of the academic research and legal practice in the region of East Asia, but also will have positive influences in the global tort law discipline.

Chapter I: Legislative Purposes and Scope of Protection

Article 1: *Legislative Purposes*

This model law is made for the purpose of harmonizing rules in tort law among East Asian jurisdictions, protecting the freedom of action and private rights and interests of individuals and legal entities, leading the development trend of tort law rules, and facilitating the coordination and advancement of laws in East Asia.

Article 2: *Scope of Protection*

Rights or interests of individuals and legal entities which are protected by private law means of imposing tort liabilities in this model law include:

(i) private rights;
(ii) private interests which are protected according to the law and pure economic interests; and
(iii) legal interests which are explicitly articulated by law, including but not limited to public environmental interests.

Chapter II: Bases for Imposing Tort Liability and Forms to Bear Liability

Article 3: *Fault Liability*

A person who at fault infringes private rights of another and causes damage shall bear tort liability.

A person who intentionally infringes private interests or pure economic interests of another and causes loss shall bear tort liability.

A person who negligently infringes private interests of another and causes gross damage or where circumstances of such infringement are severe shall bear tort liability.

Article 4: *Presumption of Fault*

A person who infringes private rights or interests of another and causes damage, if the tortfeasor is presumed to be at fault as articulated by law, the victim does not have to [adduce evidence to] prove the fault of the tortfeasor. Rather, the tortfeasor bears the burden of proof regarding the non-existence of his fault [to rebut such presumption].

Article 5: *Non-fault Liability*

A person who infringes private rights or interests of another and causes damage, if the tortfeasor, as articulated by law shall bear liability no matter whether he is at fault or not, he shall bear tort liability.

The tort liability articulated in the previous paragraph can be articulated by law based on danger, defect, or other incidents of culpability.

Where non-fault liability is imposed, rules on limited amount of compensation apply.

Where non-fault liability is imposed, the victim may resort to fault liability as articulated in Article 3 above, as long as the victim proves that the tortfeasor is at fault.

Article 6: *Vicarious Liability*

Where a person, by explicit articulation of law, is liable for the tortious act of another, such person shall bear tort liability.

Where an act of a person lacking the capacity of liability causes damage to private rights or interests of another, the parental right-holder or the guardian of such person shall bear tort liability as articulated in the previous paragraph.

Chapter III: Damage

Article 7: *Definition of Damage*

Damage, for the purpose of this model law is, due to a

person's infringement on private rights or interests of another protected by law, the consequence of causing any loss of pecuniary or non-pecuniary interests.

Article 8: *Types of Damage*

Types of damage in the following scenarios are recognised as damage defined in the previous article, including:

(i) Damage to person, referring to any loss of pecuniary or non-pecuniary interests caused by death, disability, or injury to bodily integrity due to any infringement on the victim's right to life, right to health, or right to body;

(ii) Damage to wealth, referring to any loss of pecuniary interests caused by any infringement on the victim's property rights, obligational rights, or intellectual property rights, including the loss of value to the subject-matter of such wealth, and the loss of expectation interests due to such infringement;

(iii) Damage to pecuniary interests of personality, referring to any loss of pecuniary interests caused by any infringement on the victim's mental rights of personality; and

(iv) Emotional harm, referring to any psychiatric or physical suffering caused by any infringement on the right of personality and the right of status, or other kinds of loss of interests with respect to personality and status, including damage to personality interests caused by any infringement on specific things with elements of personality.

Article 9: *Hierarchy and Conflict of Private Rights and Interests*

Private rights and interests of different natures are protected by this model law in accordance with the following order:
  (i) rights to life, health, body, freedom, dignity, and integrity of personality;
  (ii) other rights and interests of personality or of status; and
  (iii) property rights, obligational rights, and intellectual property rights, and other rights and interests of a pecuniary nature.

Where there is a conflict of protection between private rights and interests as articulated in the previous paragraph, the one with a higher rank in the hierarchy prevails.

Article 10: *Reasonable Costs for Preventing or Diminishing Damage*

After a tortious act is made, all costs that are reasonably expended by the victim for preventing or diminishing damage are treated as if they were a part of the damage for compensation.

Reasonable costs expended by the victim for securing

remedies such as lawyer's fee and investigation fee are treated as if they were a part of the damage as articulated in the previous paragraph.

Article 11: *Proof of Damage*

The victim bears the burden of proof with respect to the existence and the extent of damage, subject to specific articulation with respect to the proof of damage otherwise provided by law.

Where it is too difficult to prove the amount of damage or where the cost for proving is too high, the court has the discretion to determine the amount of damage based on the principle of fairness.

Chapter IV: Causation

Article 12: *Definition of Causation*

Where damage would not have been caused had there been no act of infringement, it is recognised that there is causation between the tortious act and the harmful consequence.

Where, as a matter of factual causation, a tortious act normally would cause a specific harmful consequence, it is recognised as if there were legal causation between such act and such harmful consequence.

The test for determining legal causation can be reasonably adjusted if the court thinks it proper to adjust such test for a normative purpose or, for the purpose of balancing the freedom of action and the protection of the victim's rights or interests.

Article 13: *Types of Causation*

Where there is legal causation between the tortious act and the harmful consequences, it is the causation with respect to the constitution of tort liability.

Where there is legal causation between the tortious act and the scope or degree of harmful consequences, it is the causation with respect to the scope of tort liability.

Article 14: *Burden of Proof*

The victim bears the burden of proof for both the causation with respect to the constitution of tort liability, and the causation with respect to the scope of tort liability.

Article 15: *Presumption of Causation: Shifting and Loosening the Burden of Proof*

Where the causation is presumed to be existent by articulation in law, the victim does not bear the burden of proof with respect to such causation. It suffices for the victim, by showing the specific relation between a particular tortious act and the harmful consequences, to establish such presumed causation, subject to the tortfeasor's rebutting such presumption by adducing countervailing evidence.

According to the general rule of thumb, where the victim is unable to adduce sufficient evidence with respect to the causation between the tortious act and the harmful consequences to satisfy the test of high degree of probability, but is able to satisfy the test of probability, it is presumed that the victim has fulfilled his burden of proof for causation, unless the tortfeasor successfully rebuts such presumption by adducing countervailing evidence to prove the non-existence of such causation.

Chapter V: Intention and Negligence

Article 16: *Intention*

Intention is a mental status in which the tortfeasor clearly understands that his act would cause harmful consequences to another person, while hopes or indulgently allows the occurrence of such consequences.

Article 17: *Proof of Intention*

The proof of the tortfeasor's knowledge with respect to damage caused by his act is a necessary condition for proving intention. For determining the existence of such knowledge, the court should consider not only the evidence adduced by the victim, but also the surrounding circumstances, the tortfesaor's mode of behaviour, intelligent ability, personal experience, as well as the observability of the infringed private rights or interests.

Where the tortfeasor clearly understands that such harmful consequences would occur but still continuing his conduct which is capable of causing such consequences, it is recognised as if the tortfeasor hoped or indulgently allowed the occurrence of such consequences.

Article 18: *Negligence*

Negligence is a mental status in which the tortfeasor has no intention with respect to the occurrence of harmful consequences, but such tortfeasor should have had the awareness but failed to be aware of such consequences.

In normal situation, where the tortfeasor breaches his duty of care in the particular scenario, it is recognised as if such tortfeasor were negligent when conducting the tortious act.

Article 19: *Degrees of Negligence*

There are three sub-categories with different degrees of negligence distinguished in the following scenarios:

(i) Gross negligence, referring to the scenario where the tortfeasor breaches the duty of care which can be easily aware of by an ordinary person in the society in order to avoid the harmful consequences;

(ii) Objective ordinary negligence, referring to the scenario where the tortfeasor breaches the duty of care which a reasonable person would have; and

(iii) Subjective ordinary negligence, referring to the scenario where the tortfeasor breaches the duty of care which he would have should the matter he is dealing with is his own.

Article 20: *Proof of Negligence*

To prove negligence, the victim should prove the existence of the duty of care which the tortfeasor should have when conducting the tortious act. Negligence is proven when the victim proves the tortfeasor's breach of such duty of care. The application with respect to different degrees of duty of care should be in accordance with articulation of law.

Requirements with respect to the standard of behaviour of the tortfeasor who has the duty of care should be adjusted to fit the tortfeasor's specific situation such as age, mental status, physical condition and others.

The test for deciding whether a lawyer, an accountant, or an architect is negligent should be in accordance with the expected duty of care based on the level of industry at the time of the tortious act.

Where the negligence is presumed to be existent, the test for tortfeasor's proof of not to be negligent is that he does fulfil the duty of care [in order to rebut such resumption].

Article 21: *Degrees of Negligence and Its Meaning*

A tortfeasor engages in an act and causes damage with fault, shall bear tort liability. A tortfeasor shall only bear tort liability for his intention or gross negligence where elsewhere provided by law.

In deciding the apportionment of liability in cases of liability involving comparative negligence, joint and several liability, and several liability, the amount apportioned by the court among multiple parties should be consistent with the degree of intention, gross negligence, objective ordinary negligence and subjective ordinary negligence.

Chapter VI: Defences and Limitation Periods

Section One: Defences

Article 22: *Definition and Proof of Defences*

A defence is a legal excuse for preventing the tort liability from constituting, or for diminishing the amount of tort liability.

In order to be not or not fully liable in tort, it is the tortfeasor or the person vicariously liable who bears the burden of proof for the existence of defences as articulated in the previous paragraph.

Article 23: *Legal Performance of Public Duties*

Where an act is conducted a person for performing the public duties legally and reasonably, such person is not liable in tort for the damage caused by such act to another person, subject to specific articulation otherwise provided by law.

Article 24: *Justifiable Defence*

Where there is a tortious act going on, a person who, for the purpose of defending rights or interests of that person or of a third party, conducts a tortious act against the tortfeasor is not liable for compensation for damage caused by such infringement. However, where such act of defence is conducted in an excessive way, the infringed tortfeasor can claim for compensation for damage caused by such act.

Article 25: *Necessity*

Where a person, for the purpose of avoiding current and urgent danger, conducts an act of necessity which causes damage to another person, it is not the person conducting such act of necessity but the person ultimately responsible for the danger who is liable in tort.

Where such act of necessity is conducted in an improper or excessive way, thus causing damage which should not have been caused, the person conducting such act of necessity should be partly liable for compensation in a proper amount.

Where such danger is caused by natural reasons, the person

benefitted from such act of necessity should share loss in a proper amount within the whole benefitted value.

Article 26: *Act of Self-help*

A person, in order to prevent his legal rights and interests from being infringed, can take necessary safeguard measures against the property of tortfeasor, or restrict the tortfeasor in a proper way. Such person is not liable in tort for the damage caused by such act of self-help.

After the completion of the act of self-help, the self-helper should file to a court or a relevant authority to deal with the subject-matter, in order to keep him immune from tort liability.

The self-helper is partly liable for compensation in a proper amount where the act of self-help is conducted in an excessive way, causing damage which should not have been caused.

Article 27: *Victim's Consent*

Where a tortfeasor caused damage to a victim based on the victim's consent to such act, the tortfeasor is not liable in tort, save where the consent violates the mandatory rules of the law or is regarded as against the public order or good morals.

In the circumstance of damage to person, the victim's consent has no influence on the tort liability borne by the tortfeasor, otherwise provided by law.

Article 28: *Force Majeure*

The tortfeasor is not liable for compensation for damage caused by force majeure, subject to specific articulation otherwise provided by law.

As regards damage caused by a combination of force majeure and the wrongful act of the tortfeasor, the tortfeasor is partly liable for compensation for damage in accordance with the degree of negligence and the share of causative potency in the tortious act.

Article 29: *Third Party's Reason*

Where damage is caused by a third party [other than the tortfeasor], it is that third party who shall bear tort liability, subject to specific articulation otherwise provided by law.

Article 30: *Victim's Reason*

Where damage is solely caused by the victim's intention or negligence, the tortfeasor shall not bear tort liability.

Article 31: *Assumption of Risk*

Where the victim has knowledge of the foreseeable danger of a certain act or activity but nevertheless takes part in such act or activity with an explicit or implicit consent to the risk and consequences, the tortfeasor is not liable in tort as long as such consent of the victim does not violates public order, good morals or mandatory rules in law.

Section Two: Limitation Periods

Article 32: *Ordinary Limitation Period*

The limitation period for claims founded on tort liability is three years.

The limitation period for claims founded on tort liability for infringement on the right of life, right to health, or right to body is five years.

Article 33: *Starting Point of Limitation Period*

The running of limitation period starts from the time when the victim knows or ought to have known the infringement on his rights or interests, and the specific person liable for compensation. However, where the tortious act is conducted in a continuous way, the limitation period does not start to run until the end of such tortious act.

Article 34: *Calculation of Limitation Period and Longest Protection Period*

Rights or interests are not protected in court from the first date after the period in which such rights or interests have been infringed on for twenty years. The court has the discretionary power to extend such longest protection period under special circumstances where it thinks necessary.

Chapter VII: Remedies and Liability Insurance

Section One: Common Forms of Remedies for Damage

Article 35: *Compensation for Damage*

The victim has the right to claim for monetary payment by the person liable for compensation, to the extent that the victim's infringed private rights or interests can be restored to the status quo ante when the infringement did not happen yet.

Article 36: *Tort Injunctions*

Where the right-holder has evidence to prove that if the current or forthcoming tortious act against his private rights or interests is not stopped or prevented this would cause damage to his private rights or interests, the right-holder can file a petition to the court for an injunction. Where such injunction affects property interests, the person filing such petition should provide with corresponding security.

The court may, according to the petition, issue an injunction against the counterparty, to require him to refrain from doing relevant act.

The injunction should be executed immediately when it is

issued.

Article 37: *The Application of Forms of Remedies in Tort*

Forms of remedies in tort can be applied in a separate or a combined way.

The victim can choose specific forms of remedies applied as long as such forms are practically possible, with the limit that it should not increase the burden of the person liable for compensation, or violate the principle of good faith.

Section Two: General Provisions of Compensation for Damage

Article 38: *Scope of Persons Entitled to Compensation*

All the persons whose pecuniary or non-pecuniary rights or interests are infringed are the persons entitled to compensation.

Where a foetus suffers from physical injury, he is the person entitled to compensation after being born.

Where there is damage to personality interests of a deceased person, his spouse, parents, and children are the persons entitled to compensation. Where such deceased person has no spouse, parent or child, all his relatives within the fourth degree of kinship are the persons entitled to compensation.

Where a natural person died, the persons entitled to compensation include:

(i) spouse, parents and children of the deceased person, or all the deceased person's relatives within the fourth degree of kinship where such deceased person has no spouse, parent or child;

(ii) the person(s) to which the deceased person bore the duty of maintenance or should have borne the duty of maintenance before; and

(iii) the person(s) who paid medical, funeral or other reasonable expenses for the deceased person, whose claim is limited to the repayment of the aforementioned expenses.

Article 39: *Scope of Damage*

The scope of damage includes both the damage suffered and the interest lost.

Article 40: *Full Compensation*

In determining compensation for damage, the amount should fully include both the damage caused by the tortious act and the expectation interest lost due to the tortious act, subject to specific articulation otherwise provided by law.

Article 41: *Maintenance of Lowest Living Condition and Deduction of Compensation*

In determining a natural person's liability for compensation for damage, the amount should be limited so that such person is still able to afford the lowest living condition, the performance of the legal duty of maintenance, and the necessary education fee for minor(s) raised by such person.

Such person can file a petition to the court for a deduction with respect to the amount of compensation where he cannot afford the aforementioned liabilities due to a full compensation.

In determining the exact amount of deduction, the court should take elements such as the tortfeasor's subjective malice or degree of negligence, the nature of the infringed rights or interests, the amount of damage, the effect of such damage to the victim, and so on into consideration.

Article 42: *Forms of Compensation for Future Damage*

As regards compensation for future damage, the parties can, by reaching an agreement, choose the compensation by instalment or the compensation by a lump sum.

Where the parties choose the compensation by instalment, the tortfeasor should provide with corresponding property security.

Where the parties choose the compensation by a lump sum, the tortfeasor should fulfil his compensatory liability at once in the full amount, but reduce the recovery to present value.

Where the parties fails to reach an agreement with respect

to the forms of compensation as articulated in the paragraph one of this article, the court may determine the methods of payment according to the actual circumstances, though, other factors being equal, the compensation by instalment prevails.

Article 43: *Compensatio Lucri Cum Damno*

Where one tortious act both causes damage and make the victim benefits from it, the amount of compensation should deduct such benefit from the amount of damage, except where the purpose of receiving such benefit by the victim is inconsistent with such deduction.

Section Three: Compensation for Physical Injury

Article 44: *Definition of Physical Injury*

Where a tortfeasor infringes another person's body, causing injury, disability, or death, such tortfeasor should make compensation for physical injury.

Where a tortfeasor infringes another person's bodily integrity, but it being difficult to calculate the actual amount of loss, such tortfeasor should make nominal compensation.

Article 45: *Remedies for Damage to the Health of a Foetus*

Where a foetus suffers damage from a tortious act before being born, the tortfeasor shall bear liability for compensation for physical injury according to the actual loss. Where the foetus is dead before or at the moment of his birth, the mother of the foetus has the right to claim for compensation for physical injury.

Article 46: *Wrongful Birth*

Where, due to negligence in the pre-birth diagnose, the medical institution failed to detect the defect in the body of the foetus, as a result of which a foetus was born with severe disability, the parents of such infant has the right to claim for compensation by the medical institution for additional maintenance expenses they paid due to the severe disability of their infant.

Where, due to negligence of the medical staff who failed to provide the pregnant woman with the correct information, depriving of her chance to stop pregnancy which she should have had, as a result of which a foetus was born with severe disability or any genetic disease, liability for compensation for damage should be decided according to the reasonable actual needs of the victim of such mistaken birth.

Article 47: *Remedies for Loss of Chance to Live or to be Cured*

A victim has the right to claim for compensation for loss of chance where a tortious act decreases the victim's chance to live or to be cured.

In order to successfully bring the claim for compensation for loss of chance articulated in the previous paragraph, the victim should prove the causation between the tortious act and the loss of chance.

Section Four: Compensation for Property Damage

Article 48: *Scope of Compensation for Property Damage*

Where a person causes damage to property right, intellectual property right or other pecuniary rights or interests, that person should compensate for the destroy or decrease in value of such right or interest due to the tortious act, including additional expenses for restoring the subject-matter back to its original value before the tortious act.

Where a person knows obligational right enjoyed by other persons and infringes on such right, that person should compensate for the damage caused by the infringemert.

Article 49: *Methods of Calculation of Property Damage*

The amount of damage is calculated in accordance with the scope of actual loss. Where it is possible to calculate by reference to the market price, the amount of damage is the market price of the moment when damage occurs or the tort liability is determined. If there is no market price or it is apparently unfair to calculate such amount in light of the market price, the amount of compensation should be determined according to the actual circumstances.

In calculating lost benefit, the expectation interest should be taken into consideration in an objective way, in order not to improperly expand or limit the amount of compensation for property damage.

Article 50: *Rule of Foreseeability*

Where the tortfeasor negligently caused damage to property of another, the amount of liability for compensation for such damage can be properly reduced by the court as long as such actual loss is outside the scope of the tortfeasor's foreseeability.

Section Five: Compensation for Emotional Harm

Article 51: *Scope of Compensation for Emotional Harm*

Where a person infringes private rights or interests of a personality or status nature of another and causes emotional harm, the victim has the right to claim for compensation for emotional harm.

Where the victim's death or serious body injury due to tortious act causes emotional harm to the spouse, parents and children of the victim, the spouse, parents and children of the victim have the right to claim for compensation for emotional harm.

Article 52: *Remedies for Infringement of Other Personality or*

Status Rights or Interests: Right of Publicity

Where a person infringes another person's right to name, right to portrait, right to privacy, or other private rights or interests of a personality or status nature and causes additional damage to pecuniary interests to another person, the amount for compensation should be either the damage suffered by the victim or the profit gained by the tortfeasor, depending on which one is possible to be determined. Where neither of these can be determined, and the victim fails to reach an agreement with the tortfeasor with respect to the amount of compensation, the court may determine an amount according to the actual circumstances.

Article 53: *Compensation for Emotional Harm due to Infringement of Property of Personality Nature*

Where a person infringes property of a personality nature such as a specific souvenir of a symbolic meaning and causes severe emotional harm to the property right-holder, the right-holder has the right to claim for compensation for such emotional harm.

Article 54: *Compensation for Emotional Harm due to Nervous Shock*

Where the person in the zone of danger of a tortious act in the act witnesses his spouse, children, or parents suffering from physical injury in a cruel manner, as a result of which the person suffers severe emotional harm, such person has the right to claim for compensation for such emotional harm.

Where the person in the zone of danger of a tortious act in the act witnesses his grandparents, grandchildren, brothers or sisters suffering from physical injury in a cruel manner, as a result of which the person suffers gross emotional harm, the rule in the previous paragraph applies.

Article 55: *Determination of the Amount of Compensation for Emotional Harm.*

In determining the amount of compensation for emotional harm, the following issues should be taken into consideration:

(i) degree of emotional or physical suffrage of the victim's spouse, children or parents;
(ii) victim's income level and living condition;
(iii) degree of the tortfeasor's fault;
(iv) concrete details of the tortious act such as its methods, venue, and ways;
(v) consequences caused by the tortious act;
(vi) financial ability of the tortfeasor to bear liability; and
(vii) average living condition of the place in which the court with jurisdiction locates.

Section Six: Liability Insurance

Article 56: *Subrogation Function of Liability Insurance*

Where a tort liability is fully or partly covered by a commercial liability insurance policy, the victim has the right to choose either to claim against the insurer or to claim against the person liable in tort to compensate. Where there is any specific rule elsewhere provided by law, such rule prevails.

Article 57: *Liability for Compensation in Case of Insufficient Liability Insurance*

Where the victim's damage has not yet been fully compensated after the insurer has fulfilled the liability of insurance, the victim has the right to ask for compensation for the outstanding amount from the person liable in tort to compensate.

Chapter VIII: Torts Involving Multiple Tortfeasors and Liabilities

Section One: Joint Tortious Act

Article 58: *Subjective Joint Tortious Act*

Where multiple persons jointly conduct a tortious act which causes damage to private rights or interests of another, they shall bear joint and several liability.

Article 59: *Instigating or Assisting in Conducting Tortious Act and Mixed Liability*

Where a person instigates or assists another person to conduct tortious act, such instigator or assistant shall bear joint and several liability.

Where a person instigates another person without capacity of bearing tort liability to conduct a tortious act, such instigator shall bear tort liability.

Where a person instigates another person with limited capacity of bearing tort liability to conduct a tortious act, or where a person assists another person without capacity or with limited capacity of bearing tort liability to conduct a tortious act, such instigator or assistant shall bear joint and several liability. Where the parental right-holder or the guardian of such person without capacity or with limited capacity of bearing tort liability fails to fulfil the responsibility of guardianship, they shall bear liability in a certain amount corresponding to their degree of negligence.

Article 60: *Gang Members*

Where several members of a gang conduct tortious liability causing damage to another person, every members of such gang shall bear joint and several liability, save where it can be proved that the tortious act is irrelevant to gang activities.

Article 61: *Objective Joint Tortious Act*

Where multiple persons, though without common intention, conduct tortious acts causing one single harmful consequence which is inseparable with common causation, these persons shall bear joint and several liability

Article 62: *Joint Dangerous Acts*

Where two or more persons conduct dangerous acts which would affect personal or property safety of another, whereas such damage is in fact caused by only one or some of them who is not identifiable from the whole, then all shall bear joint and several liability.

Such compensatory liability articulated in the previous paragraph cannot be avoided by one with a mere proof that the act of him does not cause harmful consequences.

Article 63: *Accumulated Causation*

Where multiple persons conduct tortious acts causing one single harmful consequence, all these people shall bear joint and several liability as long as everyone's act [, ex hypothesi,] could cause the entire harmful consequences.

Where multiple persons conduct tortious acts causing one single harmful consequence, all these people shall bear joint and several liability to the extent that everyone's act [, ex hypothesi,] could cause certain harmful consequences to that extent, regardless of the fact that the acts of some of them [, ex hypothesi,] could cause the entire harmful consequences.

Section Two: Several Liability, and Joint and Several Liability

Article 64: *Several liability*

Where multiple persons separately engage in tortious acts causing one single harmful consequence which is separable, each of these persons shall bear several liability subject to specific articulation otherwise provided by law with respect to other modes of apportionment of liability.

The person who is severally liable has the right to refuse to compensate for the amount which exceeds the amount of liability he shall bear.

Article 65: *Joint and Several Liability, Primary and Secondary Contribution*

Where multiple persons, according to articulation in law shall bear joint and several liability, the victim has the right to choose one, several or all of them to claim for compensation, subject to the whole amount received by the victim not exceeding the whole amount of liability for compensation.

Where a person pays more than he should have paid for compensation in accordance with the proportion of his liability, such person has the right to claim for contribution regarding the excessive amount he paid against other persons with joint and several liability.

Where one or several persons with joint and several liability cannot afford to bear liability for compensation in full amount or in certain amount, such outstanding part should be borne by all other persons with joint and several liability in accordance with the proportion of ultimate liability of each of them.

Article 66: *Determining the Proportion of Ultimate Liability*

The following elements should be taken into consideration when the court determines the proportion of ultimate liability:

(i) degree of fault;

(ii) share of causative potency;

(iii) degree of objective danger; and

(iv) other elements provided in law.

In case that the proportion of ultimate liability cannot be determined according to the previous paragraph, the compensatory liability shall be borne equally.

Article 67: *Claim Right of Contribution*

The claim right of contribution is the claim right of the person who paid for more amount of compensation than his proportion of ultimate liability to claim against other persons who are also liable to bear their corresponding ultimate liabilities.

Article 68: *Mixed Liability in Joint and Several Liability*

Where according to articulation of law, some of the persons shall bear joint and several liability, while others shall bear several liability, those with joint and several liability should be liable for the whole amount of liability, while those with several liability should be liable only for the amount corresponding to their proportion, and have the right to refuse the victim's claim for more amount of compensation than he should pay for.

If a person who is jointly and severally liable paid more than his proportion of ultimate liability, he has the right to claim for contribution against others who are jointly and severally liable, or severally liable.

Section Three: Miscellaneous Other Kinds of Torts and Liabilities Involving Multiple Tortfeasors

Article 69: *Quasi Joint and Several Liability and Indemnity*

Where one single harmful consequence triggers two or more claim rights for compensation, and these claim rights being of the same purpose, in which only one person is ultimately liable, the victim has the right to choose one or more of these persons to claim for compensation as long as there is no specific articulation in law with respect to the sequence of claim. All these claim rights are eliminated when the victim is fully compensated.

Where the victim claims against the person who is not the person ultimately liable, such person with an intermediate liability has, after bearing the liability for compensation, the right to claim for indemnity from the person ultimately liable.

Article 70: *Non-Ultimately Labile Person's Primary Liability and Indemnity*

Where one single harmful consequence triggers two or more claim right for compensation, and these claim rights being of the same purpose, in which only one person is ultimately liable, the victim has to choose the person who is not ultimately liable to claim for compensation if it is provided by law that the victim can only choose so. Such person who is not ultimately liable has, after bearing the liability for compensation, the right to claim for indemnity from the person ultimately liable.

In scenarios as described in the previous paragraph, if such person with an intermediate liability losses the ability to compensate, the victim has the right to claim directly against the person who is ultimately liable for compensation.

Article 71: *Secondary Liability, and Indemnity and Contribution*

Where one single harmful consequence triggers two or more claim right for compensation, and these claim rights being of the same purpose, in which some of the tortfeasors bear secondary liability, the victim has to choose the person who is directly liable for compensation. The victim has the right to claim against the person with secondary liability only if the person directly liable is unable to compensate in full or at all. Where the victim claims against the person with secondary liability, such person has, after bearing the liability for compensation, the right to claim for indemnity from the person directly liable.

As for the secondary liability articulated in the previous paragraph, if the ultimate liability is distributed among the person with secondary liability and the person with ultimate liability, the one who paid more than his proportion of ultimate liability has the right to claim for contribution against other liable persons.

Chapter IX: Products Liability

Article 72: *Definition of Product*

'Product', for the purpose of this model law, refers to all movables processed or manufactured for exchange in the market.

Construction project is not recognised as product, though materials, accessories, and facilities used for construction are recognised as products if it falls within the scope of the products articulated in the previous paragraph.

The following things are recognised as products for the purpose of this model law:

> (i) electricity conveyed via wires, and oil, gas, heating or water conveyed via pipes;
>
> (ii) computer software and other electronic products of a similar nature; and
>
> (iii) microbial products, animal and plant products, genetic engineering products, or human blood products.

Article 73: *Types of Product Defects*

Product defects refer to unreasonable danger in the product itself which is harmful to personal or property safety, including the following types:

> (i) manufacturing defects, referring to unreasonable danger in products caused by the way of manufacturing them which contradicts the intention of design;
>
> (ii) designing defects, referring to unreasonable danger in products caused by the failure of choosing a reasonable alternative way of design to decrease or avoid damage which should have been chosen; and
>
> (iii) inadequate warning and instruction defects, referring to unreasonable danger transformed from reasonable danger in products due to absence or inadequacy of warning and

instruction which should have been provided with the products in order to decrease or avoid damage.

Article 74: *Presumption of Defect*

Where the harmful consequence caused by the product is of the kind that is usually caused by the product defect, and where in the specific case the harm is not caused by reasons other than the defect in the product when it was sold or distributed, the defect is presumed to be existent in the product when it is delivered.

Article 75: *Non-fault Intermediate Liabilities of Producer and Seller, and Indemnity*

Where a person suffers physical injury or property damage other than damage to the defective product itself due to defects in the product, such victim has the right to choose to claim against the producer or the seller for compensation.

The seller has, after bearing the compensatory liability, the right to claim for indemnity from the producer, except where the producer proves such defect arising from the fault of the seller.

Where the product defect is caused by the fault of the seller, the producer has, after bearing compensatory liability, the right to claim for indemnity from the seller.

Article 76: *Non-fault Ultimate Liability of Producer*

Where the product defect is caused by the producer, such producer shall bear compensatory liability, and has no right to claim for indemnity against the seller.

Article 77: *Immunities of Products Liability*

A producer does not bear compensatory liability if the producer proves either:

(i) that the product has not yet been put into circulation;

(ii) that the defect causing damage did not exist when the product was put into circulation; or

(iii) that the defect could not been detected at all according to the state of scientific and technical knowledge at the time when the product was put into circulation.

Article 78: *Warning or Product Recall after Sale and Liabilities*

Where the producer did not detect any defect in the product before putting the product into circulation, but realised the product having reasonable danger afterwards, the producer should take sufficient and effective measures to warn all the purchasers of such product and should inform them of the correct way of using such product in order to prevent any damage from happening. If the producer fails to perform such duty of warning after sale or performs such duty in an unreasonable way, the producer shall bear compensatory liability for damage caused from this.

Where the producer realised the product having danger which would cause damage to others after such product being put into circulation, the producer should take sufficient and effective measures to recall such product. If the producer fails to perform such duty of recall after sale or performs such duty in an unreasonable way, the producer shall bear compensatory liability for damage caused from this.

The seller has the duty to assist the producer to perform the duties as articulated in the previous two paragraphs.

Article 79: *Liabilities of Carriers and Warehousemen*

Where the defect in the product is created due to the carrier or the warehouseman, the producer or the seller shall bear compensatory liability. The producer or the seller has, after bearing compensatory liability, has the right to claim for indemnity from the carrier or the warehouseman.

Where the producer or the seller is unable to bear the compensatory liability, the victim has the right to claim for compensation directly against the carrier or the warehouseman.

Article 80: *Liability of Product Quality Guarantee*

Where the inspection or certificate body issues a false inspection outcome or certificate which causes loss to another person, such inspection or certificate body shall bear joint and several liability with the producer and the seller.

Where a product does not meet the quality requirements as promised or guaranteed by someone which causes loss to another person, such promisor or guarantor shall bear joint and several liability with the producer and the seller.

Article 81: *Liability for Fake Advertising*

Where the producer or the seller causes damage to another person by fake advertising or other methods of fake public notice, such producer or seller shall bear products liability as articulated in this model law.

Where the advertising operator or the advertising publisher knows or ought to have known that the advertising or other methods of public notice is a fake one but still designs, makes, or publishes it, which causes damage, such operator or publisher shall bear products liability with the producer or the seller of the defective product.

Where the referee recommends the product in the fake advertising or other methods of fake public notice, such referee shall bear joint and several liability with the liable persons articulated in previous paragraph for the damage caused by the defective product.

Article 82: *Liability of Provider of Traditional Transaction Platform*

Where the sponsor of a centralised trade market, the counter lessor, the fair organiser, or other providers of transaction platform fails to fulfil necessary duty of management, the victim who suffers from damage caused by the defective product has the right to choose to claim for liability against either the producer, the seller, or the transaction platform provider who is at fault, except where such provider has a pre-existing promise to pay compensation first, in which case the provider shall bear primary liability. Such provider has, after bearing the compensatory liability, the right to claim for indemnity against the producer or the seller.

Where the transaction platform provider has knowledge of the producer or the seller making use of the platform to infringe on private rights or interests of the consumer, such provider shall bear joint and several liability with the producer or the seller.

Article 83: *Liability of Provider of Online Transaction Platform*

Where product causing damage is bought from online transaction platform, the victim has the right to claim for compensation against the producer or the seller of the product.

Where the provider of the online transaction platform cannot provide the real name, address and effective contact information, the victim has the right to claim for compensation against such provider. Where such provider has a pre-existing promise to pay compensation first, the provider shall bear primary liability. Such provider has, after bearing the compensatory liability, the right to claim for indemnity against the producer or the seller.

Where the online transaction platform provider has knowledge of the producer or the seller making use of the platform to infringe on private rights or interests of the consumer but fails to take necessary measures against such, the provider shall bear joint and several liability with the producer or the seller.

Were the Internet user makes use of the online platform which is not for transaction to sell products and causes damage to others, but the online transaction platform provider provides service of trusteeship and payment for the Internet user, the second and third paragraphs in this article are also applicable to determine the liability of compensation.

Article 84: *Provider of Raw Materials, Accessories and Parts*

Where a producer uses defective raw materials or accessories to produce products causing damage to another person, the producer shall bear compensatory liability. The producer has, after bearing the compensatory liability, the right to claim for indemnity against the provider of such raw materials or accessories.

Where a provider of parts provides defective parts, rules in the previous paragraph apply.

Article 85: *Second Hand Goods and Reproduced Goods*

The seller of second hand goods is recognised as if he were the producer of such goods. Where such goods are still within the warranty period, the original producer still bears the warranty of quality.

The original producer of reproduced goods is not liable for products liability, except where the damage is caused by inherent defects in original goods.

Article 86: *Special Rules on Food Damage*

Where although the food produced or sold by the producer or the seller is in accordance with the quality standards, it nevertheless causes severe physical injury to consumers, it is presumed, according to the rule in the article 74 of this model law, that such food is defective.

The seller of primary agricultural products and hunted animals shall bear products liability.

Article 87: *Special Rules on Damage Caused by Medicines and Blood*

The producer or the seller of medicines bears the burden of proof regarding the non-existence of defects in medicines.

Where such producer or seller cannot prove this fact, they shall bear compensatory liability for damage caused by such defective medicines.

The provider of blood products bears the burden of proof regarding the compliance of the blood products to the relevant standards. Where such provider cannot prove this fact, it shall bear compensatory liability. Where it is impossible, according to the scientific and technological level of the moment of the act, to detect the possibility of causing damage by a particular blood product, the provider of such product shall pay for appropriate relief for damage caused by such product.

Article 88: *No Defence of Health Warning on Tobacco or Other Products of a Similar Nature*

The producer and the seller of tobacco or other products of a similar nature are not recognised by this model law as having fulfilled the duty of adequate warning and instruction by merely putting health warning on these products.

Article 89: *Exemplary Compensation for Causing Physical Injury*

Where the producers intentionally or gross-negligently makes defective products, or has the knowledge of the existence of the products produced or sold are defective which would probably cause physical injury to another, but nevertheless produces or sells them, which causes damage to others, the victim has the right to claim against the producer or the seller, apart from his actual loss, for exemplary compensation outside the scope of compensation as articulated in article 39 of this model law.

The amount of such exemplary compensation as articulated in the previous paragraph should be determined by the court with a proper limit in accordance with the degree of malice and harmful consequences.

Article 90: *Longest Protection Period for Products Liability*
The claim right of compensation for damage by defective products is extinguished from the first date after fifteen years since such defective products were delivered to the first consumer, except where the safe use period of the products has not yet expired.

Chapter X: Liability for Environmental Pollution

Article 91: *Non-fault Liability in Environmental Pollution*
Where damage is caused by environmental pollution, the polluter shall bear tort liability.

Article 92: *Presumption of Causation in Environmental*

Pollution

Where there is a dispute over environmental pollution, and where the victim preliminarily proves the probable causation between the conduct of pollution and the harmful consequences, the polluter bears the burden of proof to adduce countervailing evidence to prove the non-existence of such causation. If the polluter cannot or insufficiently prove so, the causation is recognised as existent.

Article 93: *No Defence of Emission in Accordance with Legal Standards*

Where the polluter emits pollution in accordance with the legal standards of the local jurisdiction but still causes damage by such environmental pollution, the polluter shall bear tort liability.

Article 94: *Compensatory liability for Damage Caused by Pollution Emitted by Multiple Persons*

Where two or more polluters conduct acts of pollution separately but cause one single harmful consequence, all these polluters shall bear joint and several liability as long as everyone's act of pollution [, ex hypothesi,] could cause the entire harmful consequences.

Where two or more polluters conduct acts of pollution separately but cause one single harmful consequence, these polluters shall bear several liability in accordance with their share of causative potency as long as everyone's act of pollution [, ex hypothesi,] could not cause the entire harmful consequences.

Where two or more polluters conduct acts of pollution separately but cause one single harmful consequence, all these people shall bear joint and several liability to the extent that everyone's act [, ex hypothesi,] could cause certain harmful consequences to that extent, regardless of the fact that the acts of some of them [, ex hypothesi,] could cause the entire harmful consequences, thus shall bear compensatory liability for the rest of the amount.

Article 95: *Liability for Pollution without Actual Personal Injury*

Where an individual or entity, due to holding certain dangerous facilities which could generate high level of pollution, or due to the intrinsic nature of behaviours or methods, conducts an act of pollution causing substantial damage to the environment itself, the environmental authority should, regardless of whether such polluter is at fault or not, and whether such polluter acts in accordance with relevant administrative legal rules, claim against such polluter for compensatory liability, and should keep such compensation in its fund specifically for the control of environmental pollution.

Article 96: *Third Party's Reason*

Where damage is ultimately caused by a third party [other than the polluter], the victim has the right to choose to claim either against the polluter or that third party for compensation. The polluter has, after bearing the liability for compensation, the right to claim for indemnity against such third party who is ultimately liable.

Article 97: *Claim for Removal and Restoration*

The polluter should, apart from bearing compensatory liability to pecuniary rights caused by environmental pollution, extinguish the cause of the pollution or remove its danger, and should restore the environment to its status quo ante or a status equivalent to its status quo ante, and should also bear all the relevant expenses for such removal and restoration.

Article 98: *Exemplary Compensation for Malicious Pollution*

Where the polluter intentionally or gross-negligently pollutes the environment, or has the knowledge of the fact that its act would be substantially probable to cause environmental pollution, but nevertheless conducts such act, which causes environmental pollution, the victim has the right to claim against the polluter, apart from his actual loss, for exemplary compensation outside the scope of compensation as articulated in article 39 of this model law.

Article 99: *Limitation Period for Claims Based on Environmental Pollution*

Article 32 of this model law applies for limitation period for claims for compensation based on environmental pollution. The limitation period for claims for indemnity between multiple polluters is three years since the claimant fulfils his compensatory liability.

Article 100: *Environmental Public Interest Litigation*

Any person or relevant interest group, governmental body, or procuratorate has the power to bring or join an action against the act which is harmful to sanitation, environment, quality of life, or other social public interests.

Chapter XI: Tort Liability on the Internet

Article 101: *General Rules on Bearing Tort Liability on Internet*

Where an Internet user or an Internet service provider infringes on another person's private rights or interests via Internet, such user or provider shall bear tort liability for damage caused from this.

Internet service providers include online platform service providers and Internet content service providers.

Article 102: *Application of Safe Harbour Principle*

Where a person's private rights or interests is infringed by an Internet user via Internet service, such person has the right to notice the Internet service provider and ask such provider to take necessary technical measures such as deleting, blocking, and cutting off links in order to eliminate harmful consequences. If the Internet service provider fails to take necessary measures within a reasonable period after receiving such notice, the provider shall bear joint and several liability with that Internet user.

Article 103: *Requirements and Formalities of Notice*

A notice should be made in writing, except in an emergency situation. The form of writing, [for the purpose of this model law,] refers to all forms with an observable appearance such as letter in paper and data message.

A notice should include the following elements:
(i) name of natural person (or name of legal entity), contact information and address of the person sending the notice;
(ii) website address on which the necessary measure should be taken, or other relevant information which is sufficient for the provider to find the tortious content;

(iii) preliminary proof regarding the constitution of tort liability; and
(iv) acknowledgement of the person sending the notice regarding the correctness of such notice.

A notice is regarded as invalid thus does not trigger consequences of a valid notice if any of the aforementioned elements is missing in the notice.

Article 104: *Determining the Reasonable Period*

In determining the reasonable period as articulated in article 102 of this model law, the following issues should be taken into consideration:

(i) significance of the infringed private rights or interests;
(ii) technical possibility of taking necessary measures;
(iii) urgency of taking necessary measures; and
(iv) length of reasonable period required by the right holder.

Normally the length of the reasonable period is twenty-four hours.

Article 105: *The Calculation of Enlarged Part of Damage*

The enlarged part of damage is the damage to private rights or interests from the moment when the notice arrives at the place of Internet service provider, to the moment when necessary measures are taken to eliminate the influence of damage.

Article 106: *Duty of Forwarding and Publicity of Taking Necessary Measures*

After the Internet service provider taking necessary measures, such provider should immediately forward the notice to the alleged tortious Internet user. Where it is impossible to forward such notice, the provider should post an announcement regarding such notice on the identical website.

Article 107: *Requirements and Formalities of Counter-Notice*

Where the Internet user receives or has knowledge of the notice but believing that the content posted by him does not infringes on private rights or interests of another, the user has the right to send a counter-notice to the Internet service provider to ask for restoration of his post to the status quo ante.

A counter-notice should include the following elements:

(i) name of natural person (or name of legal entity), contact information and address of the person sending the counter-notice;

(ii) content, title and website address towards which the necessary measure have been taken;

(iii) preliminary proof regarding the non-constitution of tort liability; and

(iv) acknowledgement of the person sending the counter-notice regarding the correctness of such counter-notice.

Article 108: *Internet Service Provider's Response to Counter-Notice*

The Internet service provider should, after receiving the counter-notice from the Internet user, timely restore the posted content to its status quo ante, and should forward such counter-notice to the person sending the original notice. The provider does not have to make such response if the provider believes that the post is apparently tortious.

Article 109: *Litigation over Counter-Notice*

After the Internet service provider, in response to the counter-notice, restoring the posted content to its status quo ante, the person sending the original notice cannot again notice the Internet service provider and ask such provider to take necessary technical measures such as deleting, blocking, and cutting off links, though he can bring a lawsuit before the court [over this contention].

Article 110: *Liability for Compensation of the Person Sending Mistaken Notice*

Where the Internet service provider, according to a mistaken notice, takes necessary measures thus causing loss to the person against whom this notice is made, the person sending the mistaken notice shall bear compensatory liability.

Article 111: *Application of Red Flag Principle*

Where the Internet service provider has knowledge of the fact of its Internet user making use of the Internet service to infringe on the private rights or interests of another, but fails to take necessary measures, the Internet service provider shall bear joint and several liability with that user.

Article 112: *Determining Knowledge*

Knowledge [as articulated in the previous paragraph], means the Internet service provider knows or is proven to have known the fact of the Internet user having conducted the tortious act.

Chapter XII: Tort Liability for Infringement on Right of Publicity

Article 113: *Liability for Infringement on Right of Publicity*

The right of publicity is the right held by an individual or group of individuals to make commercial use of its own personality aspects.

A person shall bear tort liability if he uses things, photos, movies, TV series, dramas, music, arts and so on by ways of advertisement, posters, billboards, mass consuming products, periodical magazines and so on without the holder of the right of publicity's permission.

Article 114: *Protection Period of Right of Publicity*

The protection period of the right of publicity lasts for the whole life of the individual or the whole continuance period of the group of individuals, until thirty years after the death of the individual or the dissolution of the group.

Where two or more individuals or groups of individuals co-owns the right of publicity, the protection period of the right of publicity lasts until thirty years after the death of the last individual which is a natural person, the death of the right holder after the dissolution of the group or the dissolution of the group.

The aforementioned protection periods start to count from the beginning of the next year of the death of the individual or the dissolution of the group.

Article 115: *Claim Rights of Right of Publicity Holders*

The holder of the right of publicity has the right to claim against the tortfeasor to stop the infringement, remove the interference, or extinguish the danger if further damage is to be feared.

Where the claim articulated in the previous paragraph is brought, the holder of the right of publicity also has the right to ask for destroy of the tortious thing, or for other necessary measures.

Where holder of the right of publicity suffers pecuniary damage or emotional harm due to a tortious act against such right, he has the right to claim against the tortfeasor for compensatory liability.

Article 116: *Calculation of Compensation*

The amount of compensation for infringement on the right of publicity should be calculated according to the higher standard between the following two tests:

(i) actual profit acquired by the tortfeasor; or

(ii) pecuniary value that would normally be acquired by the right holder exercising such right;

Where the amount of pecuniary damage suffered by the right holder exceeds the amount as determined above, the right holder has the right to claim for additional compensation regarding such outstanding amount.

Where it is difficult for the court, by applying the standards as articulated in the previous two paragraphs, to determine the exact amount of compensation, the court has the discretionary power to determine the exact amount as long as it thinks appropriate.

Article 117: *Compensation for Emotional Harm for Infringement on Rights of Personality*

The holder of the right of publicity has the right to claim for, apart from compensation for pecuniary damage, compensation for emotional harm against the tortfeasor, and for other necessary measures such as restoration of reputation to be taken by the tortfeasor.

Article 118: *Protection of Right of Publicity after the Death of the Right Holder*

Successors of the holder of the right of publicity can succeed such right after the death of the holder of the right of publicity, except where the holder explicitly expressed the opposite view before his death.

The holder of the right of publicity may transfer the right of publicity to others by way of bequest. The holder may also attach specific limit or duration such as the way of use and the scope of use to such bequest.

The person acquired the right of publicity by succession or bequest has the right to claim against the tortfeasor for tort liability.

Article 119: *Transfer*

The right of publicity can be transferred wholly or partly under a contract, save those contracts generally undertaking to transfer the right of publicity which is not yet existent at the moment of the contract.

Where the transferee uses the personality aspects in a way outside the scope of use as stipulated in the contract, the original holder of the right of publicity has the right to claim for tort liability against the transferee.

Article 120: *Licence*

The holder of the right of publicity may grant a licence to others to make use of the personality aspects, which can be used by the licensee in accordance with the licensed scope of use and conditions.

The licensee cannot allow a third party to make use of such personality aspects without the consent of the holder of the right of publicity.

Where the licensee makes use of such personality aspects in a way outside the scope of use as stipulated in the licence, or allows a third party to make use of such personality aspects, the holder of the right of publicity has the right to claim against the licensee for tort liability.

Article 121: *Infringement on Right of Publicity Held by a Group of Individuals*

Where the right of publicity co-owned by a group of individuals is infringed, each member of the group has the right to claim against the tortfeasor for tort liability to the extent of their shares in the right of publicity.

Article 122: *Liability for Internet Service Providers*

Rules in chapter XI of this model law apply where an Internet service provider infringes on the right of publicity of another.

東アジア不法行為法モデル法
（暫定稿）

（2015 年 11 月 21 日東アジア不法行為法学会の全体会議で原則的に可決し、2016 年 4 月 28 日最後に更新した）

陶盈[*] 訳、道垣内弘人[**]、王晨[***] 校正

目　次

序　言
第 1 章　立法趣旨と保護範囲
第 2 章　不法行為責任の帰責原因及び責任分担方式
第 3 章　損害

---

[*] 陶盈、法学博士、首都経済貿易大学法学院講師、中国人民大学民商事法律科学研究センター兼職研究員。Email:taoying0801@163.com。

[**] 道垣内弘人、東京大学教授、Email:mlg45125@nifty.com。

[***] 王晨、大阪市立大学教授、Email:ccwang@kcn.ne.jp。

第4章　因果関係
第5章　故意・過失
第6章　抗弁事由と消滅時効
　第1節　抗弁事由
　第2節　消滅時効
第7章　救済方法と責任保険
　第1節　損害に対する一般的救済方法
　第2節　損害賠償の一般的規定
　第3節　人身損害賠償
　第4節　財産損害賠償
　第5節　精神損害賠償
　第6節　責任保険
第8章　複数加害者の不法行為と責任
　第1節　共同不法行為
　第2節　割合的責任と連帯責任
　第3節　その他の複数加害者の不法行為及び責任
第9章　製品責任
第10章　環境汚染責任
第11章　インターネット不法行為責任
第12章　パブリシティ権侵害の不法行為責任

序　言

　不法行為法は、私法上の権利・利益の保護法であり、また不法行為責任の規制法でもある。私法上の権利・利益の保護は、私法の根本を強固にし、不法行為責任の規律は、民事法上の主体の自由の基盤を築く。さて、東アジア地域は太平洋西岸にあり、世界で最も人口の密集する地域の一つであり、また経済発展が最も迅速な地域の一つである。したがって、東アジアの共同市場を形成することには、社会の進歩と経済の発展において世界的なレベルで重要な意義がある。。そして、東アジア地域の社会の発展と経済の繁栄とを今後継続的に推進するためには、市場参加者の私法上の権利・利益を適切に保護し、また民事法上の主体につき行為の自由を守らなければならない。しかるに、東アジア各法域における不法行為法の規範が異なっていることは、資本の蓄積、人材の流通、社会的な交流及び私法上の権利・利益の保護などを制限し、また、阻害し、東アジアの共同市場の発展に不利な影響を与えるとともに、各法域における民事法上の主体の権利・利益を毀損する可能性をもたらす。東アジア各法域において、共通の認識を基礎とし、統一的な原則を有し、具体的に操作可能な責任ルールを含んだ不法行為法規範を有することによって、不法行為責任について確立した規律を調和させ、法域をまたがる不

法行為の規制方法を確定することによって、東アジアの共同市場の繁栄および発展を推進し、東アジア各法域における民事法上の主体の権利・利益を保護することが望まれるのである。

　東アジア不法行為法学会は、東アジア各法域およびアジアのその他の法域における不法行為法学者と司法実務家の団結の下、東アジア各法域における不法行為法の立法、司法および理論を検討し、不法行為法の発展を推し進めることを旨として、衆知を結集した数年間の努力を経て、本モデル法を作り出した。これは、東アジア各法域における不法行為法の統一を促進するためのモデルを作り出し、アジア不法行為法の統一の先駆として、世界不法行為法の統一化の潮流の一つを形成したものである。

　本法の性質はモデル法であり、東アジア各法域における不法行為法の統一のために、東アジア不法行為法学会から提出された構想と要旨である。もとより、その性質上、東アジア地域における私法分野のソフトローであり、法律上の効力はない。しかし、モデル法の起草者は本法に、下記の役割を期待している。

　（一）本法が、東アジア各法域における不法行為法の立法に影響を与え、各法域における不法行為法を制定し、または改正する際にそのモデルまたは資料となること。

　（二）東アジア各法域の民事法上の主体間で不法行為に関わる紛争が生じたとき、本法の対応する規範が、法的な

根拠となること。

（三）東アジア各法域の裁判官が不法行為責任の紛争事件を審理するとき、本法の規範が学理上の根拠となること。

（四）本法が、不法行為学者の研究対象として、世界各国における不法行為法の研究と教育の資料となること。

本法は構造上、下記の2つの部分に分けられている。

第1部には、一般不法行為責任、つまり第1章から第8章までに、本法の立法趣旨、保護対象、帰責原因、不法行為責任の分担、構成要件、抗弁事由、救済方法、責任保険及び複数加害者の不法行為と責任を規定した。

第2部には、東アジア地域の不法行為法の中で共通的な価値のある特殊不法行為の4つの類型を選択的に規定した。すなわち、（1）東アジア地域における製品の流通、消費者の権利・利益の保護、製造物責任規範の統合を促進するため、「製造物責任」についての規定を設けた。（2）個人が安全かつ健康的で、バランスのとれた環境で生活する権利を保護し、環境改善を促進し、また汚染で損害を被った被害者の権利・利益の保護のために、「環境汚染責任」という1章を設けた。（3）東アジアにおける情報の一体化を促進し、ネット上の自由を保護し、ネットサービスを規律し、ネットユーザーの私法上の権利・利益を保護するため、「インターネット不法行為責任」の1章を制定した。（4）東アジアにおける人格権保護規範の発展を促進し、人

格権保護の新たな潮流をリードし、自然人の人格的徴表を保護するため、第12章として、「パブリシティ権不法行為責任」を規定した。その他の具体的な特殊な不法行為の類型について、本法では規定していない。

本法の起草者は、本法が作成されたことと、その内容理解が広まることによって、東アジア地域における不法行為法の理論的な研究と司法実務との進歩を推進するとともに、世界の不法行為法分野に対して積極的な影響が生じることを期待している。

第1章　立法趣旨と保護範囲

第1条　【立法主旨】
　東アジア法域において、不法行為法の規則を一層統合し、民事主体の行為自由と私法権益を保護し、不法行為法規則の発展のトレンドをリードし、また東アジアにおける地域法制の協調と進歩を促進するため、本モデル法を制定する。

第2条　【不法行為法の保護対象】
　本法では不法行為責任の私法手段を通じて、民事上の主体の下記の私法上の権利・利益を保護する。
（1）私法上の権利。
（2）法律上で保護すべきである私法上の利益及び純粋経

済利益。
（3）法律の明文規定によって保護すべきであるされている環境公益等の法益。

第 2 章　不法行為責任の帰責原因及び責任分担方式

第 3 条　【過失責任】

故意又は過失によって他人の私法上の権利を侵害し、損害を生じさせたときには、不法行為責任を負う。

故意によって他人の私法上の利益又は純粋経済利益を侵害し、損失を生じさせたときには、不法行為責任を負う。

過失によって他人の私法利益を侵害し、重大な損害を生じさせたときには、不法行為責任を負う。

第 4 条　【過失推定】

他人の私法上の権利・利益を侵害し、損害をを生じさせたとき、法律の規定によって加害者の過失が推定される場合には、被害者は加害者の過失に立証責任は負わず、加害者が自己の無過失を立証する責任を負う。

第 5 条　【無過失責任】

他人の私法上の権利・利益を侵害し、損害を生じさせた場合につき、法律によって、加害者の過失の有無に関わら

ず不法行為責任を負うとされているときには、加害者は不法行為責任を負う。

　危険、欠陥又はその他の帰責可能な事由が存する場合について、法律は、前項による不法行為責任を規定することができる。

　無過失責任である不法行為責任が適用される場合においては、法律により、最高額賠償を定めることができる。

　無過失責任である不法行為責任が適用される場合において被害者が加害者の過失を証明できるときには、第3条で規定された過失責任である不法行為責任の成立が認められる。

第6条　【代位責任】
　法律の規定に従い、他人の不法行為につき責任を負うべき者は、不法行為責任を負う。

　責任無能力者又は制限責任能力者の行為によって、他人の私法上の権利・利益に損害が生じた場合には、その親権者又は監護者が前項で規定された不法行為責任を負う。

第3章　損　害

第7条【損害の概念】
　損害とは、法律上保護される他人の私法上の権利・利益を侵害し、財産又は非財産的利益に不利な影響を与えるこ

とである。

第 8 条【損害の類型】
　下記は、前条で規定された損害に属する。
　（1）人身損害、すなわち、生命権、健康権、身体権が侵害されたことによって、被害者が被った死亡、身体傷害及び財産上又は非財産上の不利益。
　（2）財産損害、すなわち、物権、債権、知的所有権及びその他の財産的法益が侵害されることによって、被害者が被った財産上の不利益。財産上の現実的減損と得べかりし利益の喪失の双方を含む。
　（3）人格的財産利益損害、すなわち、精神的人格権が侵害されることによって被害者が被った財産上の不利益。
　（4）精神損害、すなわち、人格権、身分権などの私法上の権利・利益が侵害されることによって、被害者が被った精神的、肉体的苦痛及びその他の人格上、身分上の不利益。人格権的な要素が含まれる特定の物品が侵害された場合に生じた人格的利益の損害は精神損害と見なされる。

第 9 条【損害された私法権益の順位と衝突】
　本法は私法権益の異なる性質に応じて、下記の順序で異なる程度の保護を与える。
　（1）人の生命、健康、身体、自由、尊厳と人格の完全性；

（2）その他の人格権上及び身分上の権利・利益；

（3）物権、債権、知的所有権などの財産上の権利・利益；

保護の程度が異なる私法上の権利・利益の間で衝突が発生した場合には、優先順位の私法上の権利・利益が優先的に保護される。

第10条 【損害の減少、予防のために支出された合理的な費用の損失】

不法行為が発生した後、被害者が損害の予防又は減少のために支出した合理的な費用は、損害の内容と見なされ、賠償される。

権利・利益の救済のために支出された弁護士報酬、調査費等の合理的な費用は、前項で規定された損害とみなされる。

第11条 【損害の証明】

被害者は損害の存在及びその範囲と程度についてて、立証責任を負う。ただし、損害の証明について法律上、特別の規定がある場合を除く。

損害額の証明が困難に過ぎ又はそれに要する費用が過大である場合、裁判所は公平の原則に基づいて、損害額を裁量によって決定することができる。

第4章　因果関係

第12条　【因果関係の定義】
　加害行為がなければ損害もない場合、行為と損害の間には事実的因果関係が認められる。
　損害との間に事実的因果関係のある加害行為によって通常損害が生じているときにはる、その行為とその損害の間に法的因果関係が認められる。
　法的因果関係の判断基準は、法的規範の目的及び加害者の行為自由と被害者の私法上の権利・利益保障の衡平に基づいて、適宜調整することができる。

第13条　【因果関係の類型】
　加害行為と損害との間の法的因果関係は、不法行為責任の成立要件としての因果関係である。
　加害行為と損害の範囲と程度との間の法的因果関係は、不法行為責任の責任範囲としての因果関係である。

第14条　【因果関係の挙証責任】
　被害者は不法行為責任の成立要件としての因果関係と不法行為責任の責任範囲としての因果関係の立証責任を負う。

第15条 【因果関係の推定：挙証責任倒置及び挙証責任緩和】

　法律上で因果関係の推定を規定した場合、被害者は因果関係の証明に立証責任を負わない、その場合には、加害行為と損害事実が特定されれば二者の因果関係が推定される。ただし、加害者がその推定を覆せた場合を除く。

　一般的な経験則に従うとき、被害者が加害行為と損害の間の因果関係を高度の蓋然性をもって証明する十分な証拠は挙げられないが、既に蓋然性の基準を満たす段階に達した場合には、被害者の証明責任が履行されているのであり、加害者が因果関係の不存在を立証しなければならない。加害者が立証を覆すことができた場合には、因果関係は認められない。

第5章　故意・過失

第16条 【故意】

　故意とは、加害者が自分のする行為によって、他人に損害が生じることを知りながら、その損害の発生を企図し、又は損害発生を容認する心理状態のことである。

第17条 【故意の証明】

　故意の立証は、加害者が損害を知っていることを証明することによって行う。被害者の立証に基づいて、加害者が

行為をした時の状況、行為態様及び加害者の知識経験、侵害された私法上の権利・利益のの明白性などの要素を総合し、加害者が損害の発生を知っているか否かが判断される。

加害者が損害の発生を明らかに知っているのに、その損害を生じさせる恐れのある行為を継続するときには、損害の発生を企図し又は容認したと判断される。

第 18 条 【過失】

過失とは、加害者が損害の発生につき故意は有しないないが、注意すべきであり、かつ、そのことが可能なのにもかかわらず、注意しなかった心理状態のことである。

加害者が加害行為をした時の具体的状況に下で注意義務を怠った場合には、通常の事情の下では、違反した場合、前項で規定された過失がある。

第 19 条 【過失の程度】

過失は、下記の状況によって、異なる程度に分けられる。

（1）重過失とは、行為者が社会上の一般人の注意をすれば損害が避けられる注意義務に違反することである。

（2）客観的軽過失とは、行為者が善良な管理者の注意義務に違反することである。

（3）主観的軽過失とは、行為者が自己の事務を処理する

についてと同一の注意義務に違反することである。

第20条 【過失の証明】

　被害者による過失の証明は、行為者が当該行為をしたときに負っていた注意義務を証明することによって行う。注意義務が負っていたが、それを履行していないことが証明できれば、過失の証明が成立する。いかなる程度の注意義務が証明されるべきかは、法律の規定によって判断される。

　注意義務を負う者の行為基準は、行為者の年齢、精神状況又は身体障害などの要素によっ調整される。

　弁護士、会計士、建築士又は医者などの専門家としての責任を負う者の過失を判断するときには、行為時のその業界における基準にそった注意義務を基準とする。

　法律で過失が推定されるときに、加害者が自己の無過失を証明する場合には、自分が注意義務を尽くしたことを証明しなければならない。

第21条 【過失や故意の程度及び意義】

　過失のあるとき、加害者は、その行為によって生じさせた損害について不法行為責任を負う。法律に別段の定めがあるときは、加害者は、故意または重過失についてのみ不法行為責任を負う。

　過失相殺、連帯責任及び割合的責任の責任分担割合の

確定のときには、故意、重過失、客観的軽過失及び主観的軽過失という過失程度の軽重によって責任分担額を確定する。

第6章　抗弁事由と消滅時効

第1節　抗弁事由

第22条　【抗弁事由の定義及び証明】

　抗弁事由とは、不法行為責任の成立を阻止し、又は不法行為責任を軽減する法定事由である。

　加害者又は代位責任者は、前項に規定する抗弁事由の成立、及びそれによる不法行為責任の減免に対して、立証責任を負う。

第23条　【法による職務執行】

　法律に基づき職権を正当に行使し、他人に損害を与えたときは、不法行為責任を負わない。ただし、法律に特別の規定がある場合を除く。

第24条　【正当防衛】

　他人の不法行為に対して、自己又は第三者の権利又は法律上保護された利益を防衛するため、やむを得ず加害行為をした場合、損害賠償責任を負わない。ただし、過剰防衛

のときには、被害者は防衛者に対し、その賠償を請求することができる。

第25条 【緊急避難】

現実に発生した急迫の危険を避けるため、緊急避難を行い、他人に損害を与えたときには、避難者は不法行為責任を負わず、その危険の発生を惹起した者が責任を負う。

緊急避難によって、不適切な、又は必要な限度を超えた措置を取り、不要な損害を生じさせたときには、避難者はそれに応じた賠償責任を負う。

危険が自然原因によって生じた場合、緊急避難の受益者がその受益範囲内において適切に損失を分担する。

第26条 【自力救済】

緊急の状況で、かつ、公権力の救済が間に合わない場合、自己の合法的な権利・利益を保護するため、行為者の財産に対して必要な保全措置を取り、又はその人身の自由を適切な範囲で制限することができる。これによって相手に損害を与えた場合も、自力救済者は不法行為責任を負わない。

自力救済をした後は直ちに裁判所又は関係機構に対し救済を求めなければ、不法行為責任を負う。

自力救済が必要な限度を超えて、不可避ではない損害を生じさせたときには、自力救済者は適切な範囲で賠償責任

を負う。

第 27 条 【被害者承諾】

被害者が加害者の不法行為に承諾を与えているときには、それによる損害に対して、加害者は不法行為責任を負わない。ただし、その承諾が強行法規又は善良な風俗に反する場合を除く。

人身傷害への事前的な承諾は、加害者が不法行為責任の負担に影響を及ぼさない。ただし、法律に特別の規定がある場合を除く。

第 28 条 【不可抗力】

不可抗力で損害を生じたときには、行為者は不法行為責任を負わない。ただし、法律に特別の規定がある場合を除く。

不可抗力と加害者の行為が競合し、損害を生じさせたときには、加害者はその行為の過失の程度及び寄与度合により賠償責任を負う。

第 29 条 【第三者原因】

第三者が損害を生じさせたときには、当該第三者が不法行為責任を負い、実際の行為者は責任を負わない。法律に特別の規定がある場合、その規定に従う。

第 30 条 【被害者原因】

　損害が完全に被害者の故意や過失によって生じたときには、加害者は責任を負わない。

第 31 条 【危険の引受】

　被害者が、行為や活動に伴う予見可能な危険性を知り、自らでそれに参加したことにより、それによる損害を受けた場合には、明示又は黙示で危険な結果を引き受けているときには、それが公序良俗や強行規定に反しない限り、加害者は不法行為責任を負わない。

第 2 節　消滅時効

第 32 条 【一般消滅時効】

　不法行為責任の消滅時効期間は 3 年とする。
　生命、健康、身体を侵害した場合の消滅時効期間は 5 年とする。

第 33 条 【消滅時効期間の起算点】

　消滅時効期間は、権利・利益の侵害及び賠償責任者を知り、又は知りうべき時から起算する。ただし、継続的不法行為の場合は、加害行為が終了した時点から起算する。

第 34 条 【消滅時効期間の計算と最長時効時間】

　権利・利益が侵害された日から 20 年を超えた場合には、

保護されない。特別な状況があるときは、裁判所は消滅時効期間を延長することができる。

第 7 章　救済方法と責任保険

第 1 節　損害に対する一般的救済方法

第 35 条　【損害賠償】

　被害者は、賠償責任者に対し、金銭の支払を求める方法により賠償を請求する権利を有し、それにより、損害を受けた私法上の権利・利益を不法行為発生以前の状態に復帰させる。

第 36 条　【不法行為の差止命令】

　権利者は、その私法上の権利・利益を侵害する行為を、他人が行い、又は行おうとしているしていることを証明できるときで、それを直ちに阻止しないと私法上の権利・利益に損害が生じる場合には、裁判所にその差止めを命じることを請求できる。命令により差し止められた行為が財産的利益の内容に関するときには、請求者は相当の担保を供しなければならない。

　裁判所は、請求に基づき、相手方に対し差止命令を下し、その行為の停止を命じることができる。

　差止命令は、即時に効力を有する。

第 37 条 【不法行為の救済方法の適用】

不法行為の救済方法は単独で適用することも合わせて適用することもできる。

被害者は、法律上または事実上可能な範囲において、不法行為の救済方法を選ぶことができる。ただし、賠償義務者の負担を加重し、あるいは、信義誠実の原則に反することはできない。

第 2 節　損害賠償の一般的規定

第 38 条 【賠償権利者の範囲】

賠償権利者には、財産的又は非財産的権利・利益が直接に侵害された被害者を含む。

胎児が人身傷害を受けたときには、その生まれた後、賠償権利者となる。

死者の人格的利益が侵害されたときには、死者の配偶者、父母及び子が賠償権利者となる。配偶者、父母、子がなければ、その四親等以内の親族が賠償権利者となる。

自然人が死亡した場合、賠償権利者には下記の者が含まれる。

（1）自然人の配偶者、父母、子が賠償権利者となる。配偶者、父母、子がなければ、その四親等以内の親族が賠償権利者となる。

（2）自然人が生前に法律上、扶養義務を負い、又はその扶養義務を引き受けていた被扶養者は賠償権利者となる。

（3）被害者のために医療費、葬儀費用などの合理的な費用を支払った人は、不法行為者に対して、当該費用の賠償を請求するために賠償権利者になることができる。

第39条 【損害の範囲】

損害の範囲は、不法行為によって被害者の受けた現実損害と逸失利益を含む。

第40条 【完全賠償】

損害賠償を確定するにあたっては、不法行為により生じた損害の全部が賠償される。ただし、法律に特別な規定がある場合を除く。

第41条 【最低生活標準の維持と損害賠償の縮減】

自然人の負う損害賠償責任を確定するにあたっては、その最低限度の生活を維持、法律で定められた扶養義務の履行、また養育される未成年者の教育のために必要な費用が保留されねばならない。

完全賠償によるときに、上述された負担に耐えられない恐れがある場合には、その請求に従い、賠償額を減額することができる。

具体的な減額を確定するにあたっては、不法行為者の主観的な悪意又は過失の程度、侵害された権利・利益の性質、損失の大きさ及び被害者への影響等の要素を考慮すべ

きである。

第42条　【将来損害に対する賠償方式】

　将来損害については、当事者が、協議により、定期金賠償と一時金賠償のいずれかを選択することができる。

　協議により、定期金賠償が選択されたとき、加害者は相当の担保を提供しなければならない。

　協議をにより、一時金賠償が選択されたとき、加害者は一括払いで賠償責任を負う。ただし、中間利息は控除される。

　当事者において、賠償方法につき本条第1項に規定された協議が調わないときには、裁判所は実際の情況を考慮して賠償方法を決定することができる。ただし、定期金賠償を優先的に適用すべきである。

第43条　【損益相殺】

　不法行為による損害を被るとともに、被害者が利益を得た場合、得られた利益は損害賠償額から控除される。ただし、その控除が受益の目的に反するときを除く。

第3節　人身損害賠償

第44条　【人身損害の定義】

　他人の人身を侵害し、被害者に人身傷害又は死亡を生じさせたときには、人身損害賠償責任を負う。

身体の完全性を毀損したが、実際の損失が計算できないときには、名目的損害賠償を負う。

第 45 条 【胎児の健康損害に対する救済】
胎児が、その出生前に不法行為により損害を被ったときには、実際の損失によって人身損害賠償責任を確定する。死産のときには、その母親が人身損害賠償を請求しうる。

第 46 条 【障害児出生】
医療機関の出生前診断の過失により、胎児の身体的な欠陥を発見できず、重大な身体障害のある胎児の出生に至ったときは、その父母はその子の重大な身体障害のために付加的に支出された養育費について損害賠償を要求することができる。
医療関係者の過失により妊婦に正確な情報を提供できなかったことより、中絶の機会を奪われ、その結果、重大な障害や遺伝病のある子が出生したときには、その障害児出生による被害者の合理的かつ実際的な必要に応じて、損害賠償責任が定められる。

第 47 条 【生存や治癒の機会損失に対する救済】
加害行為によって、生存又は治癒への機会を喪失し、又は減少された被害者は、喪失された機会損害について損害賠償を請求することができる。

前項に規定する機会損失賠償を主張するとき、被害者は加害行為と機会喪失の因果関係を証明しなければならない。

第4節　財産損害賠償

第48条　【財産損害賠償の範囲】

　他人の物権、知的所有権などの財産的な私法上の権利・利益を侵害し、損失が生じたときには、その不法行為により価値が喪失又は毀損した当該財産的な権利・利益賠償される。元の価値に回復させるために支出した費用を含む。

　他人に対する債権を、悪意で侵害したときには、それによって生じた損害を賠償する。

第49条　【財産損害の計算方法】

　損害は損失の実際の範囲によって計算する。市場価格で計算できるときには、損害の発生時又は不法行為責任の確定時の市場価格によって計算する。市場価格がないとき、又は市場価格で計算することが明らかに不公平であるときには、実際の情況によって賠償額を確定する。

　逸失利益を計算するときには、得べかりし利益の客観的な情況によって計算し、財産損害の賠償金額を不当に拡大し、又は縮小することを避けなければならない。

第50条　【予見可能性】

不法行為者が、故意なく、他人に財産損害を与えた場合に、その実際の損失が予見可能な範囲を超えたときには、損害賠償責任を軽減することができる。

第5節　精神損害賠償

第51条　【精神損害賠償範囲】

他人の人身的な私法上の権利・利益を侵害し、精神的な損害が生じさせたとき、被害者は精神損害の賠償を請求できる。

不法行為によって被害者の死亡又は重大な人身傷害を惹起し、その配偶者、父母、子に重大な精神的損害を生じさせたときには、それらの者は精神損害賠償を請求することができる。

第52条　【その他の人格的な権利・利益に対する損害救済：公開権】

氏名権、肖像権、プライバシー権などの人格的な権利・利益を侵害し、財産上の利益を生じさせたときには、被害者の被った実際の損害又は不法行為者の得た利益によって計算する。両者とも確定できず、かつ、被害者と加害者が賠償金額について協議に達しないときには、裁判所は実際の情況に応じて賠償金額を確定することができる。

第53条　【人格要素を含む物を侵害した精神損害賠償】

象徴的な意義をもつ特定の記念物などの人格的要素を含む物を侵害し、それにつき物権を有する者に重大な精神的損害を生じさせたときには、精神的損害賠償を請求することができる。

第54条 【精神的な被害に対する損害賠償】
加害行為のなされた場所において、その配偶者、子、父母が人身傷害を受けた惨状を目撃し、重大な精神損害を受けたときには、精神損害賠償を請求することができる。

同居の祖父母、孫又は兄弟姉妹が人身傷害を受けた惨状を目撃し、重大な精神損害を受けたときには、前項の規定を適用する。

第55条 【精神損害の賠償金額の確定】
精神損害の賠償金額は、下記の要素に基づき確定する。
（1）被害者又はその配偶者、子、父母が被った精神的な苦痛、肉体的な苦痛の程度；
（2）被害者の収入及び生活状況；
（3）加害者の過失の程度；
（4）不法行為の手段、場合、方法などの具体的な情状；
（5）不法行為が惹起した結果；
（6）加害者が責任を引き受ける経済的能力；
（7）管轄裁判所所在地の平均的な生活水準。

第6節　責任保険

第56条　【責任保険の代替性】

　全部又は一部の損害が法定又は任意の責任保険の対象となっているときには、被害者は保険者に保険責任を主張することができ、又賠償責任者に不法行為責任を主張することができる。法律に特別の規定があるときには、その規定に従う。

第57条　【責任保険不足の賠償責任】

　保険者がその責任を履行したことによって、被害者の損害が全部の賠償が受けないときには、賠償責任者に対しさらに不法行為責任を主張しうる。

第8章　複数加害者の不法行為と責任

第1節　共同不法行為

第58条　【主観的共同不法行為】

　二人以上が故意で共同で不法行為を行い、他人の私法上の権利・利益を侵害し、損害を生じさせたときには、連帯責任を負う。

第59条　【教唆・幇助による不法行為と混合責任】

他人が不法行為を行うことを教唆、幇助したときには、教唆者、幇助者は行為者と連帯責任を負う。

責任無能力者が不法行為を行うことを教唆したときには、教唆者が不法行為責任を負う。

不法行為を行うにつき、制限責任能力者を教唆し、又は責任無能力者又は制限責任能力者を幇助した者は、連帯責任を負う。その責任無能力者又は制限責任能力者の親権人や監護人が監護責任を果たしていないときには、その過失に応じた責任を負う。

第 60 条 【団体の構成員】

団体構成員の一部による加害行為によって、他人に損害を生じさせたときは、団体構成員のすべてがその損害につき連帯責任を負う。ただし、その加害行為が集団活動と無関係であることが証明できた場合を除く。

第 61 条 【客観的共同不法行為】

二人以上が、共同の故意はないが、その行為が同一の損害を生じさせた場合、共同の因果関係があり、かつ、その損害の結果が分割できないときには、連帯責任を負う。

第 62 条 【共同危険行為】

二人以上が他人の人身、財産の安全に危害が生じる危険行為をし、その一人又は複数者の行為が他人に損害を生じ

させた場合で、具体の加害者が確定できないときには、連帯責任を負う。

自分の行為が損害を生じさせていないことを証明するのみでは、前項で規定された賠償責任は免除されない。

第 63 条 【原因の累積】

数人がした不法行為が同一の損害を生じさせた場合で、各行為者の行為が全損害を生じさせるに足りるときには、行為者は連帯責任を負う。

数人がした不法行為が同一の損害を生じさせた場合で、一部の行為者の行為が全損害を生じさせるに足りるものであり、他の一部の行為者の行為が一部の損害を生じさせうるものであるときには、共同で生じさせた部分の損害に対して、行為者は連帯責任を負う。

第 2 節　割合的責任と連帯責任

第 64 条 【割合的責任】

数人が別々にした不法行為が同一の損害を生じさせ、損害の結果が区分できる場合で、法律にその他の責任分担形式が規定されていないときには、割合的賠償責任を負う。

割合的責任者は、自ら負担すべき責任の割合を超えた賠償請求を拒むことができる。

第 65 条 【連帯責任及びその分担と再分担】

法律において連帯責任を負うことが規定されているとき、被害者は連帯責任者の中の一人、数人又は全員に賠償責任を請求する権利がある。ただし、合計額が損害賠償責任の総額を超えることはできない。

　自らが最終的に負担すべき賠償金額を超える金額を支払った連帯責任者は、その超過部分につき、責任を負わなかった他の連帯責任者に請求する権利を有する。

　連帯債務者がその者の最終的負担割合の全部又は一部を負担できないとき、その負担できない部分については、その他の連帯責任者が、それぞれの最終責任割合に基づき再分担する。

第66条 【最終的な責任割合の確定】

　最終責任者の最終的な責任割合は、下記の要素によって確定する。

（1）過失の程度；

（2）原因力の大きさ；

（3）客観的な危険程度；

（4）その他の法定事由。

　前項で規定された方法によって、最終的な責任割合を確定できない場合、賠償責任は均等に分けられる。

第67条 【求償権分担】

　求償権分担とは、自分の最終的な責任の割当額を超えた

責任を履行した者が、その他の責任者に相応する最終的な責任を求める請求権である。

第68条 【連帯責任における混合責任】

法律の規定により、連帯責任において、一部の責任者は連帯責任を引き受けるべきであり、別の一部の責任者は割合的責任を引受けるべきであるときには、連帯責任を引き受ける人は全部の責任に対して責任を負う。割合的責任を引き受ける人は割合的責任の割合に応じてのみ賠償責任を負い、その責任の割合を超えた賠償請求を拒むことができる。

連帯責任を負う者は、自分の最終的な責任の割合を超えた部分に対して、他の連帯責任者又は割合的責任者に分担させることを請求することができる。

第3節　その他の複数加害者の不法行為及び責任

第69条 【不真正連帯責任及び求償】

同じ損害事実に基づき二つ以上の賠償請求権を生じ、その複数請求権の救済目的が同じであるが、最終責任者が一人しかおらず、法律には請求権の行使順序に特別な規定がない場合には、被害者はその中の一つか幾つかを選び、賠償責任を請求することができる。被害者が全額賠償を得たときは、全部の請求権が消滅する。

被害者に請求した相手である責任者が最終責任者でない

ときには、中間責任を引き受けた者は賠償責任を果たした後、最終責任者に求償することができる。

第70条 【最終責任者でない者の責任負担及び求償】
　同じ損害事実に基づき二つ以上の賠償請求権が生じた場合で、複数の請求権の救済目的が同じであるが、一人の責任者だけが最終的な責任者となる場合で、法律の規定によれば最終的な責任者でない者に対しても賠償を請求できるときには、被害者は最終的な責任者でない者に対しても賠償を請求することができる。非最終責任者が賠償したときは、最終責任者に対して求償権を有する。
　前項で規定された状況において、中間的な責任を負うべきであるが、最終的な責任を負わない者が賠償能力を喪失した場合、被害者が最終責任者に対して賠償を請求できる。

第71条 【補充責任及び求償、分担】
　同一の損害事実に基づいて二つ以上の損害賠償請求権が生じ、複数の請求権の救済目的が同じであるが、法律上、補充責任と規定されている場合には、被害者はまず直接の責任者に賠償を請求すべきである。直接責任者が賠償できず又は不十分な賠償しかできないときには、被害者は補充責任者に損害賠償を請求することができる。補充責任者が責任を履行したときには、直接責任者に求償することがで

きる。

　前項で規定された補充責任は、補充責任者と最後責任者の間で最終的な責任を分担し、自分の責任の割合を超えた責任を負った者は他の責任者に求償することができる。

第 9 章　製品責任

第 72 条【製品の定義】

　本法が称する「製品」とは、加工、製作を経て、流通を目的とする動産をいう。

　建築工事は製品には含まれない。ただし、建築工事に用いる建築材料、部品と設備などは、前項で規定された製品の範囲に属し、製品とされる。

　販売を目的とする下記の物を、本法で製品と称する。

　（1）導線で運送された電気エネルギー及びパイプで運送された石油製品、ガス、熱エネルギー又は水；

　（2）コンピュータのソフトウェア及び類似の電子製品；

　（3）販売された微生物製品、動植物製品、遺伝子プロジェクト製品又は人類の血液製品。

第 73 条【製品欠陥の類型】

　製品欠陥とは製品には人身、財産の安全に対する不合理的な危険があることをいう。下記の状況は製品欠陥とされる。

（1）製造欠陥、すなわち、製品がその設計意図に背き、不合理な危険があること。

（2）設計欠陥、すなわち、合理的な代替設計によって損害を軽減又は免除することができるが、そうしなかったために、製品の合理的な安全性がなくなり、不合理的な危険があること。

（3）警告説明欠陥、すなわち、製品に合理的な危険があり、十分な説明や警告を通じて損害が免除できるが、そうしなかったために、製品が含まれた合理的な危険が不合理的な危険に転化したこと。

第74条 【製品欠陥の推定】

製品による損害が生じ、それが、通常、製品の欠陥に生じる性質のものであり、かつ、当該事件において、製品の販売や分配時に存在した欠陥以外の原因によって引き起こされたのではないときには、製品には交付時に欠陥が存在すると推定される。

第75条 【生産者と販売者の中間責任の無過失責任及び求償】

製品の欠陥によって他人に対し人身損害や欠陥製品以外の財産についての損害が生じたときには、被害者は欠陥製品の生産者や販売者に対して不法行為責任を請求することができる。

販売者が賠償責任を負担したときには生産者に対して求償権を有する。ただし、生産者はその欠陥が販売者の過失によって引き起こされたと証明できる場合を除く。

製品欠陥は販売者の過失によって生じた場合に生産者が賠償責任を負ったときには、販売者に求償することができる。

第 76 条　【生産者の無過失最終的責任】

生産者の原因で製品に欠陥がある場合、生産者は不法行為責任を負うべきであり、販売者に求償することはできない。

第 77 条　【製品責任の免責事項】

生産者は下記の事項を証明できるとき、賠償責任を負わない。

（1）製品がまだ流通に供されていないこと。

（2）製品を流通に投入した時点で、損害を引き起こす欠陥がまだ存在しなかったこと。

（3）製品を流通に供した時の科学技術水準では、欠陥の存在に気付き得なかったこと。

第 78 条　【販売後の警告及び製品の回収】

製品を流通させる前には欠陥が発見されなかったが、流通させた後、生産者が製品に合理的な危険があると発見し

た場合、十分かつ効果的な方法で購入者に警告し、損害防止の正確的な使用方法を説明しなければならない。警告義務を履行せず、又は合理的な方法で履行しないことによって損害が生じたときには、不法行為責任を負わなければならない。

製品を流通させた後、欠陥によって人に損害を与えうることを発見したときには、生産者は、直ちに合理的な方法により、その製品を回収する効果的な措置をとらなければならない。義務を履行せず、又は合理的な方法で履行しないことによって、他人に損害を及ぼしたときには、賠償義務を負う。

販売者は、生産者が本条第1項と第2項で規定された義務を履行することに協力する義務を負う。

第79条 【運送人及び倉庫業者の責任】

運送人又は倉庫業者により製品の欠陥が生じたときには、生産者又は販売者が賠償責任を負う。生産者又は販売者が賠償責任を負った後、運送人、倉庫業者に対して求償できる。

生産者、販売者が賠償責任を負うことができないときには、被害者は運送人、倉庫業者に対して直接に損害賠償責任を負うことを請求することができる。

第80条 【製品品質担保者の責任】

製品の品質の検査機構や認証機構が出した検査結果又は証明が不実であり、損害を生じさせたときには、製品の生産者、販売者と連帯責任を負う。

製品の品質を引き受け、又は保証したが、その引き受けられた、又は保証された品質基準に適合しておらず、損害が生じたときには、引受人、保証人は製品の生産者、販売者と連帯責任を負う。

第81条 【虚偽広告責任】

生産者、販売者が虚偽広告その他の虚偽の宣伝を行って提供した製品が損害を生じさせたときには、本法の規定に基づき製造物責任を負う。

広告の経営者、発布者は、広告又はその他の宣伝が虚偽であることにつき悪意であり、又は過失により知らなかった場合に、設計、制作、発布をしたときには、欠陥製品により生じた損害について、欠陥製品の生産者、販売者と連帯責任を負う。

虚偽の広告その他の虚偽の宣伝によりその製品を推薦したときには、推薦者は、その製品の欠陥により生じた損害について、本条第2項で規定された責任者と連帯責任を負う。

第82条 【伝統な市場提供者責任】

集中取引市場の創立者、カウンターの賃貸者、展示即売

会の主催者などの市場提供者が必要な管理義務を尽くさなかったときには、欠陥製品によって生じた損害について、被害者は製品の生産者、販売者とともに、過失のある市場提供者にも賠償責任を主張することができる。ただし、市場提供者予め賠償金の支払いを承諾している場合には、その承諾に従って責任を負う。市場提供者が賠償責任を負ったときには、製品の生産者又は販売者に対する求償権を有する。

市場提供者が販売者又は生産者がその市場を利用し、消費者の私法上の権利・利益を侵害することが知っているときには、販売者又は生産者と連帯責任を負うべきである。

第83条 【ネットトレードプラットフォームプロバイター責任】

インターネット上の市場で購入した欠陥製品が損害を起こした場合、損害を受けた消費者は販売者又は生産者に賠償を請求することができる。

ネットワーク上の市場提供者が販売者又は生産者の真実の名称、住所及び有効な連絡方法を提供することができないときには、損害を受けた消費者はネットワーク上の市場提供者に対して賠償を請求することができる。ネットワークトレード上の市場提供者が予め賠償金の支払いを承諾している場合には、その承諾に基づき責任を負う。ネットワークトレード上の市場提供者が賠償したときには、販売者

又は生産者に求償することができる。

　ネットワーク上の市場提供者が、販売者又は生産者がその市場を利用し、消費者の私法上の権利・利益を侵害することが知っているのにもかかわらず、必要な措置を取らなかった場合、販売者又は生産者と連帯責任を負う。

　ユーザーがネットワークト上の市場を利用し、他人の損害を起こした場合で、ネットワーク上の市場提供者がホスティング料金支払いなどのサービスを提供した場合、本条第2項及び第3項の規定によって、その賠償責任を確定する。

第 84 条　【原材料、補助材料及び零部件供給者責任】

　欠陥のある原材料、補助材料が生産者に供給され、生産者がその材料で人に損害を与える欠陥のある製品を製造したときには、生産者は賠償責任を負う。生産者は賠償責任を履行したときには、欠陥のある原材料、補助材料の供給者に対して求償権を有する。被害者は欠陥のある原材料、補助材料の供給者に対して、直接的に賠償を請求することもできる。

　零部件の供給者が欠陥のある零部件を供給した場合、前項の規定を適用する。

第 85 条　【中古商品、再生商品の責任】

　中古商品の販売者は生産者とみなされる。商品の品質

保証期限内にある場合は、元の製造者も品質保証責任を負う。

再生商品の元の生産者は製品責任を負わない。ただし、損害が原製品の固有欠陥によって生じた場合を除く。

第86条　【食品による侵害に関する特別規定】

食品の生産者、生産物の販売者は、販売した食品が品質基準に合っている場合でも、消費者の人身に重大な損害を与えたときは、本法第74条の規定に基づき、その製品に欠陥があると推定される。

食品として販売される初級農産品、狩猟品の販売者は製品責任を負う。

第87条　【薬品、血液による侵害に関する特別規定】

薬品の生産者、販売者が薬品に欠陥のないことに対して立証責任を負う。欠陥が存在しないことを証明できない場合、欠陥のある薬品による損害について賠償責任を負う。

血液提供機関は血液が関係の基準に合致することについて立証責任を負う。基準に合致することを証明できない場合、賠償責任を負う。行為時の科学技術に基づき、血液によって損害を発生する恐れがあることが発見できないとき

には、生じた損害について相当な補償責任を負う。

第88条 【タバコ等の健康を害する警告表示の不可免責性】

タバコ等の製品の生産者、販売者は、タバコが健康を害する旨の警告を表示しただけでは、警告説明の義務を果たしたとはみなされない。

第89条 【人身を損害した実際損失を超えた賠償】

生産者、販売者の故意又は重過失によって製品の欠陥が生じた場合、又は生産もしくは販売された製品に欠陥があり他人の人身につき損害を生じさせる可能性につき知りながら生産又は販売し、他人に損害をもたらした場合、被害者は、生産者、販売者に実際の損失を賠償した上、本法第39条で規定されたもの以外の賠償金を支払うことを請求できる。

前条で規定された賠償金は、責任者の悪意の程度及び損害の結果によって、必要な限度において確定される。

第90条 【製品責任の最長保護期限】

製品の欠陥による損害賠償請求権は、当該製品を最初の消費者に引き渡した日から15年を経過した時消滅する。ただし、明示された安全使用期限を超えない場合には、この限りではない。

第 10 章　環境汚染責任

第 91 条【環境汚染の無過失責任】
　環境汚染によって損害を生じさせたとき、汚染者は不法行為責任を負う。

第 92 条【環境汚染の因果関係の推定】
　環境汚染による紛争において、被害者が汚染行為と損害の間との因果関係が存在する可能性を疎明したときには、汚染者がその汚染行為と被害者の損害の間に因果関係がないことについて立証責任を負う。汚染者が証明できず、又は証明が足りないときには、因果関係の成立が認められる。

第 93 条【法的基準に合う排出という抗弁事由の排除】
　当該法域にある法的基準に合う汚染物質を排出したが、なお環境汚染の損害が生じたときには、行為者は不法行為責任を負う。

第 94 条【複数加害者の汚染排出による損害への賠償責任】
　二人以上の汚染者がそれぞれ汚染行為を行い、同一の損害を起こしたときで、それぞれの者の汚染行為が全部の損

害の発生に足りるときは、行為者は連帯して責任を負う。

　二人以上の汚染者がそれぞれ汚染行為を行い、同一の損害を起こしたときで、いずれの者の汚染行為も全部損害の発生に足りないときは、それぞれの寄与度合に基づいて責任を負う。

　二人以上の汚染者がそれぞれ汚染行為を行い、同一の損害を起こした場合で、一部の行為者の行為が全部の損害の発生に足りるが、その他の行為者の行為が部分的な損害の発生を生じさせたにとどまるときには、両者は共同で起こした損害部分について連帯して責任を負うが、その他の部分については前者が賠償責任を負う。

第95条 【現実的な人身損害がないときの環境汚染責任の分担】

　ある人や組織が高度汚染の危険性のある施設を持ち、又は行為自体の性質や利用方法の性質に基づき汚染危険性のある行為に携わる場合に、関係法律規定に遵守していても、環境に著しい損害を与えたときには、その過失の有無を問わず、環境主管部門は環境被害の程度に基づいて汚染者に賠償責任を請求し、その賠償金を環境汚染のための基金に納入すべきである。

第96条 【第三者原因】

　環境汚染による損害が第三者に帰責できる場合、被害者

は汚染者又は当該第三者に対して賠償を請求することができる。汚染者が賠償責任を履行したときは、当該第三者に対する求償権を有する。

第 97 条　【原因の除去及び原状回復】
　環境汚染の損害を起こした汚染者は、相応する財産損害賠償責任を負担するほか、汚染の原因や危害を排除し、環境を汚染の未発生時の状態又はその状態に相当する状態に回復し、又は原因の除去及び原状回復のために要した費用を負担しなければならない。

第 98 条　【悪意による環境汚染損害が実際損失を超えたときの賠償】
　故意又は重過失によって、環境を汚染し、又は環境汚染の実質的な可能性のある行為を継続し、環境汚染を生じさせたときには、被害者は行為者に対して、実際損失を賠償するほか、本法第 39 条で規定されたもの以外の賠償金を支払うことを請求できる。

第 99 条　【環境汚染の消滅時効】
　環境汚染損害による環境不法行為の損害賠償請求権については、本法第 32 条の規定を適用する。賠償責任を負うべき汚染者相互の間の求償権は、その環境不法行為の損害

賠償責任を履行した時から三年を経過した時、時効によって消滅する。

第100条【環境公益訴訟】
　公共衛生、環境、生活品質などの社会公共利益に損害を生じさせた行為については、如何なる者又は関係利益を持つ団体、政府および検察庁は、民事不法行為の訴訟を提起し、参加する権利を持つ。

第11章　インターネット不法行為責任

第101条　【プロバイター責任負担の一般規則】
　ネットユーザー、プロバイターはインターネットを利用し、他人の私法上の権利・利益を侵害し、損害を生じさせたときには、不法行為責任を負う。
　インターネット・サービス・プロバイターは、ネット・プラットフォーム・サービス及びネット内容サービスの提供者を含む。

第102条　【「セーフハーバー」原則の適用】
　ネットユーザーがネット・サービスを利用し、不法行為を行い、他人の私法上の権利・利益を損害したときには、権利者はプロバイターに削除、遮断、リンク断絶などの技術上可能な措置を行い、損害の結果を除去することを求め

る通知をすることができる。プロバイターが通知を受け取った後、合理的な期間中に必要な措置を行わなかったときには、損害の拡大につき、そのネットユーザーと連帯責任を負う。

第103条 【通知及びその要件と形式】
　緊急の場合を除き、通知は書面でなされなければならない。書面とは、文書・手紙及び電子ファイルなどの有形的に内容を載せる形式のことである。
　通知は、下記の内容を含まねばならない。
　（1）通知者の氏名（名称）、連絡先及び住所、
　（2）措置をとることが要求された不法行為内容を含むネットアドレス、又は正確に不法行為内容を確定できるための情報、
　（3）不法行為の成立を疎明する資料、
　（4）通知者が通知書の真実性に責任を負うことの承諾。
　発送された通知に上述の内容が欠けているときは、有効な通知が発送されなかったと見なされ、通知の効果は発生しない。

第104条 【合理的期間の確定】
　本法第112条で規定された合理的期間を確定するとき、下記の要素を考慮すべきである。
　（1）侵害された私法上の権利・利益の重大性、

(2) 必要な措置をとるための技術的可能性、
(3) 必要な措置をとる必要の緊迫性、
(4) 権利者が合理的期間として示した期間。
　通常の状況の下では、合理的期間は24時間とする。

第105条 【損害の拡大部分の計算】

　損害の拡大部分とは、プロバイターが通知を受け取った時から、必要な措置をとって損害の影響を消滅させる時までの間に生じた私法上の権利・利益の損害である。

第106条 【プロバイターの必要な措置をとった後の通知転送又は公告義務】

　プロバイターは必要な措置をとった後、直ちに不法行為を主張しているネットユーザーに通知を送らなければならない。転送できない場合は、通知の内容を同一のネットで公告しなければならない。

第107条 【反対通知及びその要件と形式】

　ネットユーザーは通知を受け取った後、又は公告を知った後、自ら提供した内容が他人の私法上の権利・利益を侵害しなかったと判断したときには、プロバイターに書面によりその旨の反対通知を出し、公表された内容を公表前の状態に回復させるように要求できる。
　反対通知は、下記の内容を含まねばならない。

（1）反対通知者の氏名（名称）、連絡先及び住所、

（2）すでに必要な措置がとられた内容、名称とネットアドレスへの撤回の要求、

（3）必要な措置がとられた行為は不法行為ではないと疎明する資料、

（4）反対通知者が反対通知書の真実性に対して責任を負うことの承諾。

第108条 【プロバイターの反対通知に対する処置】

プロバイターは、ネットユーザーからの書面の反対通知を受け取ったときには、直ちに公表された内容を初期状態に回復させるとともに、ネットユーザの反対通知を通知発送者に転送しなければならない。ただし、公表されている内容が明らかに不法行為となると判断した場合は、この限りではない。

第109条 【反対通知を抗議した場合の訴訟】

ネットプロバイターが反対通知者の要求に従って、その発布された内容の初期状態に回復した後は、通知者は再度、プロバイターに削除、遮断、リンク断絶などの措置をとるように通知することができない。ただし、裁判所に提訴することはできる。

第110条 【誤った通知の発送者の賠償責任】

通知発送者が発送した通知が錯誤であるために、プロバイターに必要な措置を行わせ、又は通知相手に損害を与えたときには、通知発送者は賠償責任を負う。

第 111 条 【「明白性原則」の適用】
プロバイターはネットユーザーがネットワークを利用し、他人の私法上の権利・利益をを侵害したことを知っているにもかかわらず、必要な措置をとらなかったときには、そのネットユーザーと連帯責任を負う。

第 112 条 【「知る」の判断方法】
「知る」とは、プロバイターがネットユーザーが不法行為を行ったことを知っている、又はその知っていることが証明できることである。

第 12 章　パブリシティ権侵害の不法行為責任

第 113 条 【パブリシティ権侵害の責任】
個人及び団体は自然人及び自然人団体に対して、自分の人格的徴表について、商品化利用の権利、すなわちパブリシティ権を有する。
パブリシティ権者の許可を経ず、広告、ポスター、看板、汎用的産品、定期刊行物などにおいて、他人の人格的徴表のある物、写真、映画、テレビドラマ、演劇、音楽、美術

作品などを利用したときは、不法行為責任を負う。

第114条 【パブリシティ権の保護期間】

パブリシティ権の保護期間は、その権利者の生存中又は自然人団体の存続期間であり、また死亡又は自然人団体の解散後の30年である。

二人以上の自然人又は自然人団体が共同で有するパブリシティ権の保護期間は、最後の者が死亡した後、又は自然人団体解散の権利人が死亡した後、又は自然人団体の解散後の30年である。

上記の保護期間は、権利人の死亡または解散後の次の年から起算する。

第115条 【パブリシティ権者の請求権】

パブリシティ権者は、不法行為者に対して侵害を停止し、妨害を排除し、又は損害発生の危険性の除去を請求できる。

パブリシティ権者は前項による請求の時に、権利侵害物の破壊又はその他の必要な措置を請求することができる。

パブリシティ権者は、不法行為によって財産的損害及び精神的損害を受けた場合、不法行為者に損害賠償責任を要求することができる。

第116条 【損害賠償の計算】

パブリシティ権侵害の損害賠償は、下記の基準におけるより高い基準によって計算される。
（1）不法行為者が不法行為によって取得した利益、
（2）権利者が当該権利の行使によって通常、取得できる財産的価値、

権利者が受けた財産的損害の価値が前項の規定で確定された金額を超えたときには、その超過部分に対しても損害賠償を請求することができる。

本条第1項及び第2項で規定された基準によって損害賠償額が確定できない場合、裁判所は状況に応じて損害賠償額を定めることができる。

第117条 【人格の損害による精神的損害賠償】

パブリシティ権者は、不法行為者に財産的損害賠償を請求することができるとともに、精神的損害賠償も請求できる。また、名誉回復などの必要な措置を講じることも請求できる。

第118条 【パブリシティ権者死亡後の権利保護】

パブリシティ権者が死亡した場合、相続人はその権利を相続することができる。ただし、被相続人が生前に明確に反対の意思を表示した場合を除く。

パブリシティ権者は、遺言によって、そのパブリシティ権を他人に遺贈し、利用方式と範囲などの制限や期限を付

けることができる。

　相続や遺贈によりパブリシティ権を取得した者は、不法行為者に不法行為責任を主張することができる。

第119条　【移転】

　パブリシティ権は、契約によってその全部または一部を譲渡することができる。ただし、未発生の権利を完全に譲渡することはできない。

　譲受人が譲渡契約で合意された範囲を超えて、人格的徴表を利用したときには、パブリシティ権者は不法行為責任を主張することできる。

第120条　【ライセンス使用】

　パブリシティ権者は他人に人格的徴表の使用を許可することができる。許可を受けた者は、許可された範囲と条件の下で、その人格的徴表を使用することができる。

　許可を受けた者は、パブリシティ権者の同意なしには、第三者にその人格的徴表の使用を許すことができない。

　許可を受けた者が、許可された範囲や条件を超えて人格的徴表を利用し、又は第三者に人格マーク的徴表使用を許可したときには、パブリシティ権者は、許可を受けた者に不法行為責任を主張することができる。

第121条　【自然人団体のパブリシティ権侵害】

自然人団体が共有するパブリシティ権が侵害された場合、団体構成員は各自の権利割合に基づき、不法行為責任を主張することができる。

第122条 【インターネットサービスプロバイダの責任】
　インターネットサービスプロバイダは、他人のパブリシティ権を侵害した場合、本モデル法第11章の規定を適用する。

동아시아 불법행위법 모범법
(임시안)

(2015년 11월 21일 동아시아불법행위법학회 전체회의 원칙적 통과, 2016년 4월 28일 최종 수정)

송정은 역[1]

목 차

서 론
제1장 입법목적 및 보호범위
제2장 불법행위책임의 귀책원칙 및 책임부담방식
제3장 손해
제4장 인과관계

---

1 송정은 (宋娅殷), 중국인민대학교법학박사연구생.
Song Jungeun, 中国人民大学法学博士研究生。电子邮件: sje1100@hotmail.com。

제 5 장 고의와 과실
제 6 장 항변사유 및 소멸시효
　제 1 절 항변사유
　제 2 절 소멸시효
제 7 장 손해의 구제방식 및 책임보험
　제 1 절 손해의 일반구제방식
　제 2 절 손해배상의 일반규정
　제 3 절 신체적 손해배상
　제 4 절 재산적 손해배상
　제 5 절 정신적 손해배상
　제 6 절 책임보험
제 8 장 다수인의 불법행위와 책임
　제 1 절 공동불법행위
　제 2 절 분할책임과 연대책임
　제 3 절 기타 다수인의 불법행위와 책임
제 9 장 제조물 책임
제 10 장 환경오염책임
제 11 장 인터넷 불법행위책임
제 12 장 공개권의 불법행위 책임

서 론

불법행위법은 사법권익에 대한 보호법이며, 불법행위책임에 의한 제한법이다. 사법권익에 대한 보호는 사법의 본질이고, 불법행위책임에 의한 제한은 민사주체의 자유보호를 기본으로 한다. 태평양 서안에 위치한 동아시아지역은 세계적으로 인구가 가장 밀집해있는 지역 중에 하나인 동시에 세계적으로 경제가 가장 빠르게 발전하고 있는 지역 중 하나이다. 동아시아 공동시장의 형성은 전세계적인 측면에서 사회 진보와 경제 발전에 대해 모두 중요한 의의를 갖는다. 동아시아지역의 지속적인 사회발전과 경제번영을 추진하기 위해서는 동아시아 공동시장의 참여자가 갖는 사법권익에 대해 실제적인 보호가 실현되어야 할 뿐만 아니라, 민사주체의 행위자유에 대한 보호도 반드시 이루어져야 한다. 이에 따라 불법행위법은 한층 더 중요한 역할을 담당하게 될 것이다. 그러나 동아시아는 그 지역마다 불법행위법의 규범이 다르므로 자본축적, 인재유동, 사회적 교류 및 사법권익의 보호 등의 방면에서 제한과 저해를 가져올 수 있다. 이는 동아시아 공동시장의 질서적인 발전에 이롭지 않고, 각 국 민사주체의 권익을 침해할 수 있다. 따라서 동아시아 각국은 공통적인 인식의 기초, 통일된 입법원칙 그리고 구체적으로 사용 가능한 책임규칙의 불법행위법 규범을 구축하여 불법행위책임 규칙이 조화롭게 확정되고, 섭외 불법행위의 규정방법을 확정함으로, 동아시아 공동시장의 번영과 발전을 촉진하고 동아시아 각국의 민사주체의 권익을 잘 보호할 있도록 하기 위해 부르짖고 있다.

동아시아 불법행위법학회는 동아시아 및 아시아 기타 나라의 불법행위법학자와 사법실무자들이 협력하여 동아시아 각 국 불법행위법의 입법, 사법(司法) 그리고 이론을 연구하여 불법행위법 발전을 추진하기 위한 목적으로 수년간의 노력과 연합의 힘을 통해 본 모범법을 제정하였다. 이는 동아시아 각 국 불법행위법의 통일을 촉진하기 위해 제정한 모델이자, 아시아의 불법행위법 통일을 위한 선행 산물이다. 또한 이를 계기로 세계불법행위법 통일이라는 조류에 합류하고자 한다.

본법의 성질은 모범법이고, 동아시아 불법행위법학회가 동아시아 각 국 불법행위법의 통일을 위한 방안과 개요를 제시하였으며, 본 성질은 동아시아 지역의 사적 영역 연성법에 속한다. 비록 본 모범법이 실질적인 법적 효력은 갖지 않으나 본법의 기안자는 다음과 같은 기대를 해본다.

1. 본 모범법이 동아시아 각 국의 불법행위법의 입법에 영향을 발휘하고, 각 국의 불법행위법 제정 혹은 개정할 경우에는 본법의 규범을 참고 또는 채택하거나 입법참고자료가 될 수 있기를 희망한다.

2. 동아시아 각 국의 민사주체간에 권리 침해로 인한 분쟁이 발생할 경우에는 본 모범법의 규범을 재판상의 법률 근거로 삼을 수 있기를 희망한다.

3. 각 국의 판사가 불법행위책임에 관한 분쟁사건을 판결할 때에 본 모범법의 규범이 학설적인 근거로서 선택될 수 있기를 희망한다.

4. 본 모범법이 동아시아 및 세계 각국의 불법행위법을 연구하는 학자들의 연구대상이 되어 세계 각 국의 불법행위법 연구와 교육을 위한 자료로 제공될 수 있기를 희망한다.

본 모범법은 다음과 같이 두 부분으로 구성되어 있다.

1. 첫 번째 부분은 제 1 장부터 제 8 장까지로 일반불법행위책임을 규정하였다. 불법행위법의 입법목적, 보호범위, 귀책원칙, 불법행위책임 부담방식, 구성요건, 항변사유, 손해구제방식, 책임보험 및 다수인의 불법행위와 책임에 관하여 규정하였다.

2. 두 번째 부분은 동아시아지역 불법행위법을 통일할 만한 가치가 있는 4 가지 특수불법행위유형을 선택하여 규정하였다. (1) 동아시아지역의 제조물 유통을 촉진하고, 소비자권익을 보호하기 위해 제조물책임규칙을 통일하여 "제조물 책임"을 한 장(障)으로 제정하였다. (2) 개인의 안전`, 건강 그리고 균형적인 생태환경에서 생활할 권리를 보호하기 위해 환경개선을 촉진하고, 오염으로 인해 손해를 입은 피해자의 권익을 보장하

기 위해서 "환경오염책임" 장을 제정하였다. (3) 동아시아간의 정보 일체화를 촉진하고 인터넷상의 행위자유를 보호하며, 인터넷서비스를 규범화하여 인터넷사용자의 사법권익을 보호하기 위해 "인터넷 불법행위책임" 장을 제정하였다. (4) 동아시아의 인격권 보호에 관한 규범의 발전을 촉진하기 위해 인격권 보호의 새로운 발전방향을 도입하여 개인의 인격표지를 보호하기 위한 "공개권의 불법행위 책임" 장을 규정하였다. 이 외에 기타 구체적인 특수불법행위책임유형은 본 모범법에 규정하지 않는다.

본 모범법의 기안자는 본법의 제정과 전파를 통해서 동아시아지역의 불법행위법 이론연구와 실무가 진일보할 수 있고, 더 나아가 세계 불법행위법 영역 가운데 긍정적인 영향을 미칠 수 있게 되기를 희망한다.

제 1 장 입법목적 및 보호범위

제 1 조 (입법목적)

동아시아 범위 내의 각국 불법행위법 법규를 더욱 융합하여 민사주체의 행위자유와 사법권익을 보호함으로 불법행위법 규칙의 발전적인 방향을 인도하고 동아시아지역 법제의 조화와 진보를 촉진시키기 위해 본 모범법 (示范法) 을 지정한다.

제 2 조 (불법행위법의 보호범위)

 본법은 불법행위책임의 사법적 수단을 통해 이하의 민사주체가 갖는 권익을 보호한다.
  1. 사법권리
  2. 법률에 의해 보호받는 사법권익과 순수경제이익
  3. 법률의 명문 규정에 의해 보호받는 환경공익 등의 법익

제 2 장 불법행위책임의 귀책원칙 및 책임부담방식

제 3 조 (과실책임)

 ① 과실로 인해 타인의 사법권리를 침해하여 손해를 가한 경우에는 마땅히 불법행위책임을 부담한다.
 ② 고의로 타인의 사법이익 혹은 순수경제이익에 손해를 가한 경우에는 마땅히 불법행위책임을 부담한다.
 ③ 과실로 인해 타인의 사법이익을 침해하여 중대한 손해가 발생하거나 그 정도가 중대한 경우에는 마땅히 불법행위책임을 부담한다.

제 4 조 (과실추정)

 타인의 사법권익을 침해함으로 손해가 발생하여 법률규정에 근거하여 가해자가 과실이 있음을 추정한 경우에는 피해자는 가해자의 과실을 증명할 필요가 없고, 가해

자는 자신이 과실이 없다는 것에 대한 입증책임을 부담한다.

제 5 조 (무과실책임)

① 타인의 사법권익을 침해하여 손해가 발생하고, 가해자의 과실여부와 관계없이 불법행위책임을 부담한다고 법률이 규정한 경우에는 가해자는 마땅히 불법행위책임을 부담한다.

② 법률은 위험, 결함 혹은 기타 귀책이 가능한 사유에 대해서 제1항에 규정된 불법행위책임을 규정할 수 있다.

③ 무과실책임을 적용한 불법행위책임은 배상한도액에 관한 법률규정을 적용해야 한다.

④ 무과실책임을 적용하는 불법행위책임은 피해자가 가해자의 과실을 증명할 수 있는 경우에는 본법 제3조에 규정된 과실책임을 적용하여 불법행위책임을 확정할 수 있다.

제 6 조 (대위책임)

① 법률의 명문규정으로 인해 타인이 행한 불법행위에 대해 책임을 져야 하는 자는 마땅히 불법행위책임을 부담한다.

② 제한능력자가 행한 행위로 인하여 타인의 사법권익에 손해를 가한 경우에 그 친권자 또는 후견인이 제①항

의 규정에 의거하여 불법행위책임을 부담한다.

제 3 장 손　해

제 7 조（손해의 정의）
　손해는 타인의 법률적 보호를 받는 사법권익을 침해하여 재산상 혹은 비재산상의 불이익이 발생한 것이다.

제 8 조（손해의 유형）
　다음의 경우에 본법 제7조에 규정된 손해에 포함한다.
　　1. 신체적 손해는 피해자가 생명권, 건강권, 신체권의 침해로 인해 사망, 장애, 신체적 침범 및 이로 인한 재산 또는 비재산상의 불이익이 발생한 것이다
　　2. 재산적 손해는 피해자가 물권, 채권, 지식재산권 및 기타 재산법익의 침해로 인해 재산상의 불이익이 발생한 것이다. 이는 재산상의 현실적 감소와 일실이익의 상실을 포함한다
　　3. 인격재산적 손실은 피해자가 정신적인 인격권의 침해로 인해 재산상의 이익에 손해가 발생한 것이다
　　4. 정신적 손해는 피해자가 인격권, 신분권 등 사법권익의 침해로 인해 발생한 정신적, 육체적 고통 및 기타 인격과 신분상의 불이익을 말한다. 인격적 요소가 포함된 특정물품의 침해로 인하여 인격적 이익에 손해

가 발생한 경우에도 정신적 손해로 간주한다

제 9 조 (사법권익손해의 위계 및 충돌)
① 본법은 서로 다른 성질의 사법권익에 대하여 이하 순서에 의거하여 보호한다.
　　1. 사람의 생명, 건강, 신체, 자유, 존엄과 인격의 완전성
　　2. 기타 인격적 이익과 신분적 이익
　　3. 물권, 채권, 지식재산권 등 재산적 이익
② 전 항 제 1.2.3 호에 규정된 사법권익간에 충돌이 발생한 경우에 위계가 높은 사법권익을 우선적으로 보호한다.

제 10 조 (손해 예방, 절감을 위한 합리적 비용 지출의 손실)
① 불법행위가 발생한 후에 피해자가 손해를 예방하거나 감소하기 위해 합리적인 비용을 지출한 경우에는 그 비용을 손해로 간주하여 배상을 받을 수 있다.
② 권익을 구제하기 위해 변호사비용, 조사비 등의 합리적인 비용을 지출한 경우에도 전 항에 규정한 손해로 간주한다.

제 11 조 (손해의 증명)
① 피해자는 손해의 존재 및 그 범위와 정도에 대

한 입증책임을 부담한다. 다만, 법률상 손해의 증명에 대한 특별규정이 있는 경우는 제외한다.

② 손해액을 증명하기가 과도하게 어렵거나 증명 비용이 과중할 경우에는 법원은 공평원칙에 의하여 손해액수를 결정할 수 있다.

제 4 장 인 과 관 계

제 12 조 (인과관계의 정의)

① 가해행위가 없다면 손해가 발생할 수 없으므로, 행위와 손해간에 사실적 인과관계가 존재한다.

② 사실적 인과관계와 가해행위 사이에 통상적으로 그 손해를 초래하기에 충분할 경우에는 행위와 손해 간에 법률적 인과관계의 존재를 인정한다.

③ 법규범 목적 및 가해자의 행위자유와 피해자의 권익보장간의 균형을 고려하는 목적에 기초하여 법률적 인과관계의 인정기준을 적절하게 조정할 수 있다.

제 13 조 (인과관계의 유형)

① 가해행위와 손해 간에 존재하는 법률적 인과관계는 불법행위책임 성립을 위한 인과관계이다.

② 가해행위와 손해의 범위와 정도 간에 존재하는 인과관계는 불법행위책임 부담을 위한 인과관계이다.

제 14 조 (인과관계의 입증책임)

피해자는 불법행위책임 성립을 위한 인과관계와 불법행위책임 부담을 위한 인과관계의 입증책임을 부담한다.

제 15 조 (인과관계추정 : 입증책임전환 및 입증책임완화)

① 법률에 의하여 인과관계를 추정한 경우에는 피해자가 인과관계에 대한 입증책임을 부담하지 않고, 가해행위와 손해사실간의 연관성을 특정할 수 있는 경우 양자간에 인과관계가 있는 것으로 추정한다. 다만, 가해자가 이러한 추정을 반증할 수 있는 경우는 제외한다.

② 일반경험법칙에 따라, 피해자가 가해행위와 손해간의 인과관계를 증명할 고도의 개연성 기준에 도달하는 증거를 제공할 능력은 없으나, 개연성 기준에 도달한 경우에도 입증책임을 부담한 것으로 인정해야 하고, 가해자가 인과관계 없음을 입증해야 한다. 가해자가 이를 증명할 경으에는 인과관계는 존재하지 않는 것으로 한다.

제 5 장 고의와 과실

제 16 조 (고의)

고의는 가해자가 자신이 행한 행위가 타인에게 손해를 가할 것을 알고 그 손해가 발생하기를 희망하거나 손해의 발생을 방임한 심리상태이다.

제 17 조 (고의 증명)

① 고의를 증명할 경우에는 가해자가 손해에 대해 분명히 알고 있었음을 증명해야 한다. 피해자의 입증을 기초로 하여 가해자 행위 당시의 정황, 행위방식 및 가해자의 지적 경험, 침해 받은 사법권익의 명확성 등의 요소를 종합적으로 고려하여 가해자가 손해발생 여부를 인지하였는지 확정해야 한다.

② 가해자는 손해가 발생할 것을 알았음에도 불구하고 계속해서 손해발생을 초래하는 행위를 한 경우에는 손해의 발생을 희망하거나 방임한 것으로 인정해야 한다.

제 18 조 (과실)

① 과실은 가해자가 손해의 발생에 대해 비록 고의는 없었으나, 마땅히 주의해야 하고 또 충분히 주의할 수 있었음에도 불구하고 주의하지 않은 심리상태이다.

② 통상적으로 가해자가 불법행위를 행한 당시에 준수해야 하는 주의의무를 위반한 경우에는 과실로 인정한다.

제 19 조 (과실의 정도)

과실은 다음 상황에 따라 그 정도를 구분한다.

1. 중대과실은 행위자가 사회에서 보통사람이 약간의 주의를 기울이면 손해를 피할 수 있는 주의의무를 위반하는 것이다
  2. 객관적 경과실은 행위자가 선량한 관리자가 갖는 주의의무를 위반하는 것이다
  3. 주관적 경과실은 행위자가 자신의 사무를 처리할 때와 동일한 정도의 주의의무를 위반한 것이다

제 20 조 (과실의 증명)
 ① 피해자가 과실을 증명할 경우에는 행위자가 행위 당시 마땅히 부담해야 하는 주의의무가 있었음을 증명해야 한다. 주의의무가 있지만 이를 이행하지 않은 자를 증명할 경우에는 그 과실의 증명은 성립한다. 다른 정도의 주의의무를 증명할 경우에는 법률규정에 근거하여 판단한다.
 ② 행위자의 나이, 정신적, 신체적 장애 등의 요소를 고려하여 주의의무자의 행위에 대한 기준을 적절히 조정해야 한다.
 ③ 변호사, 회계사, 건축가 혹은 의사 등 전문가의 과실을 판단할 경우에는 행위 당시의 그 업종 수준의 주의의무를 기준으로 한다.
 ④ 법률이 규정한 과실추정의 경우에는 가해자가 자신이 과실의 기준이 없음을 증명하면 가해자 자신은 이미 주의의무를 이행한 것이다.

제 21 조 (과실의 정도 및 의의)

① 과실로 인하여 가해자가 행한 행위가 손해를 발생시킨 경우에는 마땅히 불법행위 책임을 부담한다. 법률에 별도의 규정이 있는 경우만 가해자는 고의 또는 중대한 과실에 한하여 불법행위 책임을 부담한다.

② 과실상계, 연대책임, 분할책임에 대한 책임분담을 확정할 경우에 고의, 중대과실, 객관적 경과실, 주관적 경과실의 과실 정도의 경중에 따라 책임분담액을 확정한다.

제 6 장 항변사유 및 소멸시효

제 1 절 항 변 사 유

제 22 조 (항변사유의 정의 및 증명)

① 항변사유는 불법행위책임의 성립을 조각하거나 불법행위책임을 경감하는 법정사유이다.

② 가해자 혹은 대위책임자가 전 항에 규정된 항변사유가 성립하여 불법행위책임을 감면 받는 경우에는 입증책임을 부담한다.

제 23 조 (의법직무집행)

법에 의거하여 정당하게 직책 행위를 행사함으로 타인에게 손해를 가한 경우에는 불법행위책임을 부담하지 않는다. 다만, 법률에 다른 특별규정이 있는 경우는 제외한다.

제 24 조 (정당방위)
　타인에 대한 불법행위가 자신 혹은 제3자의 권리 혹은 법률의 보호를 받는 권익을 방위하기 위해 부득이 타인에게 손해를 가한 자는 배상할 책임이 없다. 다만, 과도한 방위행위 인하여 손해가 발생한 경우에는 피해자가 방위자에게 손해의 배상을 청구할 수 있다.

제 25 조 (긴급피난)
　① 실제로 발생한 급박한 위험을 피하기 위해 타인에게 손해를 가한 경우에는 피난자가 불법행위에 대한 책임을 부담하지 않는다. 그 위험한 상황을 발생시킨 자가 책임을 부담한다.
　② 긴급피난으로 인해 취한 조치가 부당하거나 필요한 도를 초과함으로 부당한 손해가 발생할 경우에는 피난자가 그에 합당한 배상책임을 부담한다.
　③ 위험이 자연의 원인으로 발생된 경우에는 긴급피난으로 인한 수익자가 얻은 수익의 범위 내에서 손실을 적절히 분담한다.

제 26 조 (자력구조행위)
　① 상황이 긴급하고 공권력에 의한 구제 요청

을 할 수 없는 상황에서 자신의 합법적인 권익이 침해 받지 않도록 보호하기 위해 행위자의 재산을 보전하기 위한 필요 조치를 취하거나 그 신체의 자유를 적당히 제한함으로 상대방에게 손해를 가한 경우에는 자력구조자가 불법행위에 대한 책임을 부담하지 않는다.

② 자력구조행위를 행한 이후에 즉시 법원 혹은 관할기관에 신고하지 않을 경우, 불법행위에 대한 책임을 부담한다.

③ 자력구제행위에 필요한 한도를 초과함으로 부당한 손해가 발생한 경우에는 자력구조자가 그에 상응하는 배상책임을 부담한다.

제 27 조 (피해자동의)

① 피해자가 가해자가 행하는 불법행위를 동의한 경우에는 그로 인해 발생한 손해에 대하여 가해자가 불법행위에 대한 책임을 부담할 필요가 없다. 다만, 그 동의가 법률의 강제성 규정이나 공서양속을 위반한 경우는 제외한다.

② 신체적 상해에 관한 사전동의는 가해자가 불법행위에 대한 책임을 부담하는 것에 대해 영향을 미치지 않는다. 다만, 법률상 별도의 특별규정이 있는 경우는 제외한다.

제 28 조 (불가항력)

① 불가항력으로 인해 발생한 손해는 행위자가 불법

행위에 대한 책임을 부담하지 않다. 다만, 법률상 별도의 특별규정이 있는 경우는 제외한다.

② 불가항력과 가해자의 행위가 결합하여 손해가 발생한 경우에는 가해자가 그 행위의 과실과 원인력의 정도에 근거하여 배상책임을 부담한다.

제 29 조 (제3자원인)

제3자로 인하여 발생한 손해는 마땅히 제3자가 불법행위에 대한 책임을 부담하고 실제 행위자는 책임을 부담하지 않는다. 법률에 별도의 규정이 있는 경우에는 그 규정을 따른다.

제 30 조 (피해자원인)

손해가 오직 피해자의 고의 또는 과실로 인하여 발생한 경우에는 행위자는 책임을 부담하지 않는다.

제 31 조 (위험인수)

피해자가 행위나 활동 가운데 예견 가능한 위험성이 내포되어 있음을 명확히 알았음에도 불구하고 자발적으로 참여함으로써 손해를 입은 경우에는 명시적 또는 묵시적으로 위험을 감수한 결과임으로 공서양속과 강제성 법률규정을 위반하지 않았다면 행위자는 불법행위에 대한 책임을 부담하지 않는다.

제 2 절 소 멸 시 효

제 32 조 (일반소멸시효)

① 불법행위에 대한 책임의 소멸시효기간은 3년이다.

② 생명, 건강, 신체를 침해한 경우에는 소멸시효기간을 5년으로 한다.

제 33 조 (소멸시효 기산점)

소멸시효기간은 권익 침해에 대한 사실 및 배상책임자를 알았거나 또는 알 수 있었을 때로부터 기산한다. 다만, 불법행위가 지속되고 있는 상황일 경우에는 불법행위가 끝나는 날로부터 기산한다.

제 34 조 (소멸시효기간의 계산과 최장시효)

권익이 침해를 받은 날로부터 20년이 경과한 후에는 보호받지 못한다. 특수한 상황이 있을 경우에는 법원이 소멸시효기간을 연장할 수 있다.

제 7 장 손해의 구제방식 및 책임보험

제 1 절 손해의 일반구제방식

제 35 조 (손해배상)

피해자는 배상책임자에게 금전적 지불방식을 통해 피

해 입은 사법권익이 불법행위가 발생하지 않았던 상태로의 회복을 요청할 권리가 있다.

제 36 조 (침해금지명령)

① 권리자는 타인이 현재 사법권익을 침해하는 행위를 행하고 있거나 곧 실행할 것에 대해 증거가 있고 즉시 제지하지 않으면 사법권익에 손해를 입을 수 있는 경우에는 법원에 금지명령을 신청할 수 있다. 재산적 이익과 관련된 내용이 포함된 금지명령 행위에 대해서는 신청자가 그에 상응하는 담보를 제공해야 한다.

② 법원은 신청에 따라 상대방에게 금지명령을 발부하고 관련 행위를 중지하도록 명령할 책임이 있다.

③ 금지명령이 발부되면 즉시 집행해야 한다.

제 37 조 (불법행위 구제방식의 적용)

① 불법행위의 구제방식은 단독으로 적용하거나 결합하여 적용할 수 있다.

② 피해자는 법률상 또는 사실상 가능한 범위 내에서 불법행위 구제방식을 선택하여 청구할 수 있다. 다만, 배상의무자의 부담을 가중하거나 신의성실원칙을 위반해서는 안 된다.

제 2 절 손해배상의 일반규정

제 38 조 (배상권리자의 범위)

① 배상권리자는 재산적 혹은 비재산적인 권익을 직접적으로 침해 받은 피해자이다.

② 태아가 신체적 상해를 입은 경우에는 출생한 후 배상권리자가 된다.

③ 사망자의 인격이익이 침해를 입은 경우에는 사망자의 배우자, 부모 그리고 자녀가 배상책임자가 된다. 배우자, 부모 그리고 자녀가 없는 경우에는 4촌이내의 친족이 배상권리자가 된다.

④ 자연인이 사망한 경우에는 이하의 자가 배상권리자가 된다.

  1. 자연인의 배우자, 부모 그리고 자녀가 배상의 권리자이다. 배우자, 부모 그리고 자녀가 없는 경우에는 4촌이내의 친족이 배상의 권리자가 된다

  2. 자연인이 생전에 부양의무를 맡은 피부양자가 배상의 권리자가 된다

  3. 피해자를 위하여 의료비, 장례비 등의 합리적인 비용을 지불한 자가 가해자에게 그 비용에 대한 배상을 청구할 경우에는 배상의 권리자가 된다

제39조 (손해의 범위)

손해의 범위는 피해자가 불법행위로 인해 입은 손해와 상실한 이익이다.

제40조 (완전배상)

손해배상책임을 확정할 경우에는 마땅히 불법행위로 인해 발생한 손해와 일실이익의 손실을 기준으로 전액 배상한다. 다만, 법률상 별도의 특별규정이 있는 경우는 제외한다.

제 41 조 (최저생활보장기준과 손해배상의 감축)

① 자연인의 손해배상책임을 확정할 경우에는 마땅히 최저생활유지, 법정부양의무의 이행과 미성년자인 피부양자의 교육을 위한 필요비용을 보장해야 한다.

② 전액배상으로 인해 상술한 책임을 부담할 수 없는 경우에는 청구에 따라 배상금액을 적절히 감액해야 한다.

③ 구체적인 감축 액수를 확정할 경우에는 불법행위자의 주관적 악의와 과실의 정도, 침해 받은 권익의 성질, 손해의 크기 및 피해자의 영향 등의 요소를 고려해야 한다.

제 42 조 (정기금 배상과 일회성 배상)

① 미래의 손해에 대해서는 당사자가 정기금 배상 혹은 일시금 배상을 협의하여 채택할 수 있다.

② 정기금 배상을 협의한 경우에는 가해자는 그에 상응하는 재산적 담보를 제공해야 한다.

③ 일시금 배상을 협의한 경우에는 가해자는 일시불로 배상책임을 부담하고, 미래의 손해배상의 기한이익

을 공제한다.

④ 본 조 제 1 항에 규정된 배상방식에 대해 당사자간의 협의가 이루어지지 않을 경우에는 법원이 실제상황에 따라 배상방식을 결정하나 정기금 배상방식을 우선적으로 적용한다.

제 43 조 (손익상계)

불법행위로 인해 손실을 입은 동시에 피해자에게 이익도 발생했을 경우에는 손해배상금액 중 취득한 이익을 제한다. 다만, 이러한 공제와 수익목적이 다른 경우는 제외한다.

제 3 절 신체적 손해배상

제 44 조 (신체적 손해의 정의)

① 타인의 신체를 침해하여 상해, 장애 혹은 사망한 경우에는 마땅히 신체적 손해배상책임을 부담한다.

② 신체의 완전성에 손해를 가하여 실제손실을 계산할 수 없을 경우에는 마땅히 명의적 손해배상을 부담해야 한다.

제 45 조 (태아건강 손해구제)

태아가 출생 전에 불법행위로 인해 손해를 입은 경우에는 실질손해에 근거하여 신체적 손해배상책임을 확정한다. 태아가 출생 시 이미 사망한 경우에는 그의 모친이 신체적 손해배상을 청구한다.

제 46 조 (착오출생)

① 산전 의료기관의 과실로 인해 태아의 신체 결함을 발견하지 못함으로 태아가 심각한 장애를 입고 태어난 경우에는 그 부모가 자녀의 심각한 장애로 인하여 지출한 부양비용에 대한 손해배상을 주장할 수 있다.

② 의료진이 과실로 인해 정확한 임신 검사 결과를 제공하지 못함으로 임산부가 임신 중절의 결정기회가 지체되어 심각한 장애 혹은 유전적 지병을 갖은 자녀가 출생한 경우에는 본 착오가 있는 출생으로 인한 피해자에게 합리적인 실제적 필요에 따라 손해배상책임을 부담해야 한다.

제 47 조 (생존 혹은 치유기회손실의 구제)

① 가해행위로 인하여 생존기회 혹은 치유기회가 상실 또는 저하된 피해자는 상실한 기회손실에 대한 손해배상을 주장할 수 있다.

② 전 항에 규정된 기회손실배상은 피해자가 가해행위와 기회상실간의 인과관계를 증명해야 한다.

제 4 절 재산적 손해배상

제 48 조 (재산적 손해배상의 범위)

① 타인의 물권, 채권, 지식재산권 등 재산성 사법

권익을 침해하여 손해를 가한 경우에는 불법행위로 인해 가치가 상실되거나 감소된 재산성 권익을 배상해야 한다. 그 본래의 가치를 회복하기 위해 지불된 비용도 배상액에 포함한다.

② 타인의 채권임을 앎에도 가해를 행한 경우에는 발생한 손해에 대해 배상해야 한다.

제 49 조 (재산손해의 계산방법)

① 발생한 손해는 실제손실범위에 따라 계산한다. 시장가격으로 계산할 수 있는 경우에는 손해가 발생한 시간 혹은 불법행위의 책임이 확정된 때의 시장가격으로 계산한다. 시장가격이 없거나 시장가격으로 계산하는 것이 현저히 불공평한 경우에는 실제 상황에 따라 배상액을 확정한다.

② 일실이익을 계산할 경우에는 얻을 수 있는 이익의 객관적인 상황에 따라 계산하여 재산적 손해배상액의 부당한 확대 혹은 축소를 피해야 한다.

제 50 조 (예견가능규칙)

가해자가 비고의적으로 타인의 재산에 손해를 가하여 실제손실이 예측 가능한 범위를 초과한 경우에는 손해배상책임을 적절히 경감할 수 있다.

제 5 절 정신적 손해배상

제 51 조 (정신적 손해배상 범위)
① 타인의 신체적 사법권익을 침해하여 정신적 손해를 가한 경우에는 피해자는 정신적 손해배상을 청구할 수 있다.
② 불법행위로 인해 피해자가 사망 혹은 심각한 신체적 손상을 입음으로 그의 배우자, 부모, 자녀에게 심각한 정신적 손해를 초래한 경우에는 그의 배우자, 부모, 자녀가 정신적 손해배상을 청구할 수 있다.

제 52 조 (기타 신체적 권익의 손해구제: 공개권)
성명권, 초상권, 사생활보호권 등 신체적 사법권익의 침해로 인해 재산적 이익을 침해한 경우에는 피해자가 입은 실제손해 혹은 가해자가 이로 인해 얻은 이익을 근거로 계산한다. 양자 모두 확정이 어렵고, 피해자와 가해자간에 배상액의 협의가 어려울 경우에는 법원이 실제상황에 따라 배상액을 확정해야 한다.

제 53 조 (인격적 요소가 포함된 물건의 침해로 인한 정신적 손해배상)
상징적 의의가 있는 특정 기념물 등의 인격적 요소가 포함된 물건을 침해하여 물권자에게 심각한 정신적 손해가 발생한 경우에는 정신적 손해배상을 청구할 수 있다.

제 54 조 (쇼크로 인한 손해배상)

① 신체적 가해행위로 인한 위험한 상황에서 배우자, 자녀, 부모가 신체적 상해를 당하는 잔혹한 상황을 목격함으로써 심각한 정신적 손해를 입은 경우에는 정신적 손해배상을 청구할 수 있다.

② 함께 생활하는 조부모, 외조부모, 손녀, 손자, 외손녀, 외손자 또는 형제자매가 신체적 상해를 당하는 잔혹한 상황을 목격함으로써 심각한 정신적 손해를 입은 경우에도 전 항의 규정을 준용한다.

제 55 조 (정신적 손해배상액의 확정)

정신적 손해배상액은 다음 요소에 따라 확정한다.

   1. 피해자 또는 그의 배우자, 자녀, 부모가 받은 정신적·육체적 고통의 정도

   2. 피해자의 소득수준과 생활형편

   3. 가해자의 과실 정도

   4. 불법행위의 수단, 장소, 방식 등의 구체적인 상황

   5. 불법행위로 인해 발생한 결과

   6. 가해자 부담하는 책임의 경제적 능력

   7. 소송법원 소재지의 평균생활수준

제 6 절 책 임 보 험

제 56 조 (책임보험의 대위성)

손해의 일부 또는 전부가 법정 혹은 상업책임보험 범위에 속하는 경우에는 피해자가 보험자에게 보험책임을 주장할 수 있다. 또한 배상책임자에게도 불법행위에 대한 책임을 주장할 수 있다. 법률상 별도의 특별규정이 있는 경우에는 그 규정을 따른다.

제 57 조 (책임보험 초과부분에 대한 배상책임)
보험자가 보험책임을 이행한 후에도 피해자가 손해를 전액보상 받지 못한 경우에는 계속해서 배상책임자에게 불법행위에 대한 책임을 주장해야 한다.

제 8 장 다수인의 불법행위와 책임

제 1 절 공동불법행위

제 58 조 (주관적 공동불법행위)
수인이 고의로 공동불법행위를 행하여 타인의 사법권익을 침해하여 손해가 발생한 경우에는 연대책임을 부담한다.

제 59 조 (교사, 방조로 인한 불법행위와 혼합책임)
① 타인을 교사하거나 방조하여 불법행위를 행한 경우에는 교사자, 방조자는 마땅히 행위자와 연대책임을 부담한다.

② 책임무능력자를 교사하여 불법행위를 행한 경우에는 교사자가 마땅히 불법행위에 대한 책임을 부담한다.

③ 한정책임능력자를 교사하거나, 책임무능력자 또는 한정책임능력자를 방조하여 불법행위를 행한 경우에는 연대책임을 부담한다. 그 책임무능력자 또는 한정책임능력자의 친권자 또는 후견인이 감호책임을 다하지 않은 경우에는 마땅히 그 과실에 상응하는 책임을 부담한다.

제 60 조 (단체구성원)

단체구성원의 일부가 가해행위를 행함으로 타인에게 손해를 가한 경우에는 그 단체의 각각의 구성원은 손해에 대해 연대책임을 부담한다. 다만, 그 가해행위와 단체활동이 무관함을 입증할 수 있는 경우는 제외한다.

제 61 조 (객관적 공동불법행위)

수인이 비록 공동적인 고의는 없었으나, 그 행위로 인하여 동일한 손해가 발생하였고, 공통적 인과관계가 성립되며 손해의 결과를 분리할 수 없을 경우에는 마땅히 연대책임을 부담한다.

제 62 조 (공동위험행위)

① 2인 이상이 타인의 신체 혹은 재산적 안전을 위

협하는 위험행위를 행하여 그 중 1인 혹은 수인의 행위가 타인에게 손해를 입힘으로 구체적인 가해자를 확정하지 못할 경우에는 마땅히 연대책임을 부담한다.

② 자신의 행위가 손해를 초래한 것이 아님을 증명하는 것만으로는 전 항에 규정된 배상책임이 면책될 수 없다.

제 63 조 (원인누적)

① 수인이 행한 불법행위로 인하여 동일한 손해가 발생하였고 각각의 행위자가 행한 행위가 전체 손해를 발생시키기에 충분한 경우에는 행위자가 연대책임을 부담한다.

② 수인이 행한 불법행위로 인하여 동일한 손해가 발생하였고 일부 행위는 전체손해를 발생시키기에 충분하고, 일부 행위는 부분 손해를 발생시킬 수 있는 경우에는 공동으로 발생시킨 손해의 부분에 대하여 행위자는 연대책임을 부담한다.

제 2 절　분할책임과 연대책임

제 64 조 (분할책임)

① 수인이 각각 불법행위를 행하여 동일한 손해의 결과를 발생시켰고 그 손해의 결과를 분할할 수 있는 경우에는 법률상 기타 책임분할형태에 관한 규정이 없을 경우에 한하여 분할배상책임을 부담한다.

② 분할책임자는 책임을 분담하는 금액을 초과하는 배상청구는 거절할 수 있다.

제 65 조 (연대책임 및 분담과 2 차분담)

① 법률 규정에 따라 연대책임을 부담해야 하는 경우에는 피해자가 연대책임자 중 1인, 수인 또는 전부를 대상으로 배상책임을 청구할 수 있다. 다만, 합계가 손해배상책임의 총액을 초과할 수 없다.

② 이미 자신의 최종책임분담액을 초과하여 부담한 연대책임자는 그 초과부분에 대하여 기타 책임을 부담하지 않은 연대책임자에게 분담을 청구할 수 있다.

③ 연대책임자의 일부가 그의 최종책임분담액을 부담할 능력이 없거나 전부를 부담할 능력은 없는 경우에는 그가 부담하지 못하는 부분에 대하여 기타 연대책임자가 각자의 최종책임비율에 따라 2차적으로 분담한다.

제 66 조 (최종책임분담액의 확정)

① 최종책임자의 최종책임분담액은 다음의 요소를 고려하여 확정한다.

  1. 과실의 정도
  2. 원인력의 정도
  3. 객관적 위험의 정도
  4. 기타 법정사유

② 전 항에 규정된 방식으로 최종책임분담액을 확정

할 수 없는 경우에는 마땅히 균등하게 배상책임을 분담한다.

제 67 조 (분배청구권)
분배청구권은 자신의 최종책임분담액을 초과하여 부담한 책임자가 기타 책임자에게 상응하는 최종책임을 청구하는 청구권이다.

제 68 조 (연대책임 중의 혼합책임)
① 법률규정에 의한 연대책임 중 일부 책임자는 연대책임을 부담하고, 일부 책임자는 분할책임을 부담할 경우에는 연대책임자가 마땅히 전체책임을 부담한다. 분할책임자는 분할책임의 금액 부분에 한해서 배상책임을 부담하고 자신의 책임을 초과하는 금액에 대한 피해자의 청구는 거절할 수 있다.
② 연대책임을 부담한 책임자는 자신의 최종책임분담액을 초과한 부분에 대해서 기타 연대책임자 또는 분할책임자에게 분배를 청구할 권리가 있다.

제 3 절　기타 다수인의 불법행위와 책임

제 69 조 (부진정연대책임과 구상)
① 동일한 손해사실로 인하여 2개 이상의 배상청구권이 발생하였고, 수개 청구권의 구제목적은 동일하나 최종책임자는 1인일 경우에는 법률상 청구권의 실행 순

서에 대한 특별규정이 없는 한 피해자가 그 중 한 개 혹은 수개의 청구권을 선택하여 배상책임을 청구할 수 있다. 피해자가 완전배상을 받은 후에는 모든 청구권이 소멸한다.

② 피해자가 책임부담을 청구한 책임자가 최종책임자가 아닐 경우에는 중간적 책임을 부담하는 책임자는 배상책임을 부담한 후에 최종책임자에게 구상할 권리를 갖는다.

제 70 조 (비최종책임자의 선책임부담 및 구상)

① 동일한 손해사실로 인하여 2개 이상의 배상청구권이 발생하였고 수개 청구권의 구제목적은 동일하나 최종책임자는 1인일 경우에는 법률규정상 비최종책임자에게만 배상을 청구할 수 있도록 규정되어 있는 경우에 한하여 피해자는 비최종책임자에게만 배상을 청구할 수 있다. 비최종책임자가 배상한 후, 최종책임자에게 구상할 수 있다.

② 전 항에 규정된 상황의 경우에는 중간적 책임을 부담하는 비최종책임자가 배상능력을 상실하여 배상책임을 부담할 수 없을 경우에는 피해자가 최종책임자에게 배상책임을 청구할 수 있다.

제 71 조 (보충책임 및 구상, 분배)

① 동일한 손해사실로 인하여 2개 이상의 배상청구권이 발생하여 수개 청구권의 구제목적은 동일하지만 법

률이 보충책임으로 규정한 경우에는 피해자가 직접책임자에게 우선적으로 배상을 청구해야 한다. 직접책임자가 배상할 수 없거나 배상액이 부족할 경우에는 피해자가 보충책임자에게 배상책임을 청구할 수 있다. 보충책임자가 보충책임을 부담한 후, 직접책임자에게 구상권을 행사할 권리가 있다.

② 전 항에 규정된 보충책임은 보충책임자와 최종책임자간에 최종책임분담이 존재할 경우에 자신의 책임분담액을 초과하여 부담한 책임자가 기타 책임자에게 구상할 수 있다.

제 9 장 제조물 책임

제 72 조 (제조물 정의)

① 본법의 제조물은 가공과 제조를 거쳐 유통하기 위한 동산이다.

② 건축물 제조물에 포함하지 않는다 다만, 건축물에 사용된 건축재료, 부속품과 설비 등은 전 항에 규정된 제조물의 범위에 속하는 제조물이다.

③ 이하 판매를 위한 물품은 본법의 제조물로 간주한다.

  1. 도선을 이용하여 수송하는 전기 및 도관을 이용하여 수송하는 오일류, 가스, 열에너지 또는 물

  2. 컴퓨터 소프트웨어 및 유사 전자제품

3. 판매용 미생물 제품, 동식물 제품, 유전자공학 제품 또는 사람의 혈액으로 만든 제품

제 73 조 (제조물 결함의 유형)
　제조물 결함은 제조물에 존재하는 신체적 또는 재산적 안전을 위협하는 불합리한 위험이다. 이하의 경우는 제조물의 결함이다.
　1. 제조결함은 제품이 설계의도를 벗어남으로 불합리한 위험이 존재하는 것이다
　2. 설계결함은 합리적인 대체성 설계를 채택함으로 손해를 감소시키거나 피할 수 있었지만 합리적인 대체성 설계를 채택하지 않음으로, 제품이 합리적인 안전성을 갖추지 못한 불합리한 위험이 존재하는 것이다
　3. 주의·설명 결함은 제조물에 합리적인 위험이 존재하지만 충분한 설명이나 주의경고를 통하여 손해를 피할 수 있었으나 설명이나 주의경고를 제공하지 않았거나 설명 혹은 경고가 충분하지 않으므로 제조물에 내포된 합리적 위험이 불합리한 위험으로 전환된 것이다

제 74 조 (제조물결함 추정)
　제조물로 인한 손해가 통상적으로 제조물의 결함으로 인해 발생하는 유형에 속하고 그 손해가 제조물을 판매하거나 배포할 당시 존재하는 결함 이외의 원인에 의하여 발생 것이 아닌 경우에는 제조물을 급부한 당시

에 결함이 존재한 것으로 추정한다.

제 75 조 (생산자와 판매자의 중간적 책임의 무과실책임 및 구상)

① 제조물의 결함으로 인하여 타인의 신체적 손해 혹은 결함제조물 외의 재산적 손해를 가한 경우에는 피해자가 결함제조물의 생산자 혹은 판매자에게 배상책임의 부담을 청구할 수 있다.

② 판매자가 배상책임을 부담한 후에 생산자에게 구상할 권리가 있다. 다만, 생산자가 판매자의 과실로 인하여 결함이 발생한 것을 증명할 경우는 제외한다.

③ 제조물 결함이 판매자의 과실로 인하여 발생한 경우에는 생산자가 배상책임을 부담한 후에 판매자에게 구상할 권리가 있다.

제 76 조 (생산자의 무과실 최종책임)

제조물의 결함이 생산자로 인해 발생한 경우에는 생산자가 배상책임을 부담하고 판매자에게 구상할 수 없다.

제 77 조 (제조물책임의 면책사유)

생산자가 다음과 같은 상황 중 하나를 증명할 경우에는 배상책임을 부담하지 않는다.

1. 제조물을 유통하지 않은 경우
2. 제조물이 유통될 당시, 손해를 발생시키는 결함

이 존재하지 않은 경우

   3. 제조물이 유통될 당시 과학기술의 수준이 결함의 존재를 발견할 수 없는 경우

제 78 조 (판매후 주의경고와 제조물 리콜 및 책임)

  ① 제조물이 유통되기 전에 결함의 존재를 발견하지 못하였으나, 유통된 후 생산자가 제조물에 존재하는 합리적인 위험을 발견한 경우에는 매수인에게 충분하고 효과적인 방식으로 이를 경고하고 손해 방지를 위한 정확한 사용방법을 설명함으로 손해의 발생을 방지해야 한다. 사후 경고의무를 이행하지 않거나 합리적으로 이행하지 않아 손해가 발생할 경우에는 마땅히 배상책임을 부담한다.

  ② 제조물이 유통된 후에 생산자가 사람에게 손해를 입힐 수 있는 결함의 존재를 발견한 경우에는 즉시 합리적이고 효과적인 리콜 조치를 취해야 한다. 제조물의 리콜 의무를 이행하지 않거나 합리적으로 이행하지 않아 사람에게 손해를 가한 경우에는 마땅히 배상책임을 부담한다.

  ③ 판매자는 생산자를 협조하여 본 조 제 1 항과 제 2 항에 규정된 의무를 이행한다.

제 79 조 (운송업자 및 창고업자의 책임)

  ① 운송업자 또는 창고업자의 원인으로 인하여 제품

의 결함이 존재하는 경우에는 생산자 혹은 판매자가 배상책임을 부담한다. 생산자 혹은 판매자가 배상책임을 부담한 후에 운송업자, 창고업자에게 구상할 권리가 있다.

② 생산자, 판매자가 배상책임을 부담할 능력이 없는 경우에는 피해자가 직접 운송업자, 창고업자에게 손해배상책임을 청구해야 한다.

제 80 조 (제조물품질담보자의 책임)

① 제조물품질검사기관, 인증기관이 발급하는 검사결과 혹은 증명이 사실과 다름으로 인하여 손해를 가한 경우에는 제품의 생산자, 판매자와 함께 연대책임을 부담한다.

② 제조물 품질에 대한 약정, 보증을 하였으나 제품이 약정, 보증의 품질기준에 부합하지 못하여 손해가 발생한 경우에는 약정자, 보증자 그리고 생산자, 판매자는 연대책임을 부담한다.

제 81 조 (허위광고책임)

① 생산자, 판매자가 허위광고 혹은 기타 허위선전방식을 이용하여 제품을 제공함으로 손해를 가한 경우에는 본법의 규정에 의하여 제조물 책임을 부담한다.

② 광고업자, 광고게시자가 광고 혹은 기타 선전방식이 허위임을 알았거나 알 수 있었음에도 불구하고 설계,

제조, 발부하여 결함이 있는 제조물로 인하여 손해가 발생한 경우에는 결함이 있는 제품의 생산자, 판매자와 연대책임을 부담한다.

③허위광고 혹은 기타 허위의 선전방식으로 제품을 추천한 추천자는 본 결함이 있는 제품으로 인해 발생한 손해에 대하여 본 조 제2항에 규정된 책임자와 연대책임을 부담한다.

제82조 (전통거래방식의 플랫폼제공자 책임)

① 거래시장의 개발업자, 매장임대업자, 박람회주최자 등 거래장소를 제공하는 자가 관리의무를 다하지 않음으로 결함이 있는 제조물이 손해를 가한 경우에는 피해자가 제조물의 생산자, 판매자에게 책임부담을 청구할 수 있고, 과실이 있는 거래장소를 제공한 자에게도 책임부담을 청구할 수 있다. 다만, 거래장소를 제공하는 자가 선배상을 약정한 경우에는 그 약정에 따라 책임을 부담한다. 거래 장소를 제공한 자가 배상책임을 부담한 후에 제품의 생산자 혹은 판매자에게 구상할 권리가 있다.

② 거래장소를 제공하는 자가 판매자 혹은 생산자가 그 장소를 이용하여 소비자의 사법권익을 침해하는 것을 분명히 알았을 경우에는 마땅히 판매자 혹은 생산자와 연대책임을 부담한다

제 83 조 (인터넷거래방식의 플랫폼제공자 책임)

① 인터넷거래 플랫폼을 통해 구매한 제품의 결함으로 인하여 손해가 발생한 경우에는 손해를 입은 소비자는 판매자 혹은 생산자에게 배상을 청구할 수 있다.

② 인터넷거래 플랫폼을 제공자가 판매자 혹은 생산자의 사실적인 상호, 주소 및 유효한 연락방식을 제공하지 못하는 경우에는 손해를 입은 소비자가 인터넷거래 플랫폼을 제공한 자에게 배상을 청구할 수 있다. 인터넷거래 플랫폼을 제공한 자가 선배상을 약정한 경우에는 그 약정에 따라 책임을 부담한다. 인터넷거래 플랫폼을 제공한 자가 배상한 후에 판매자 혹은 생산자에게 구상할 권리가 있다.

③인터넷거래 플랫폼을 제공한 자가 판매자 혹은 생산자가 그 플랫폼을 이용하여 소비자의 사법권익을 침해하는 것을 분명히 알았음에도 필요한 조치를 취하지 않은 경우에는 마땅히 그 판매자 혹은 생산자와 연대책임을 부담한다

④ 인터넷 이용자가 인터넷을 이용하여 거래 플랫폼이 아닌 곳에서 제조물을 판매하여 타인에게 손해를 가하였고 인터넷거래의 플랫폼을 제공한 자가 대금 수탁 지불 등의 서비스를 제공한 경우에는 본 조 제 2 항과 제 3 항의 규정을 준용하여 배상책임을 확정한다.

제 84 조 (원, 부자재와 부속품 제공자)

① 생산자에게 결함이 있는 원·부자재를 제공하여 생산자가 그 자재로 제조한 제품의 결함으로 인하여 타인에게 손해를 가한 경우에는 생산자가 배상책임을 부담한다. 생산자가 배상책임을 부담한 후, 결함이 있는 원·부자재의 제공자에게 구상할 권리가 있다. 피해자는 결함이 있는 원·부자재의 제공자에게 직접 배상책임을 청구할 수도 있다.

② 부속품 제공자가 제공한 부속품에 결함이 있는 경우에는 전 항의 규정을 적용한다.

제 85 조 (중고제품, 재생제품의 책임)

① 중고 제품의 판매자는 생산자로 간주한다. 그 제조물의 품질보증기간이 경과하지 않은 경우에는 원생산자가 품질보증책임을 부담한다.

② 재생제품의 원생산자는 제조물책임을 부담하지 않는다. 다만, 손해가 원 제조물이 갖는 결함으로 인하여 발생된 경우는 제외한다.

제 86 조 (식품으로 인한 손해의 특별규정)

① 식품의 생산자, 판매자가 생산, 판매한 식품이 품질기준에는 부합하지만 그럼에도 불구하고 소비자의 신체에 심각한 손해를 가한 경우에는 본법 제 74 조의 규정에 의하여 그 제품에 결함이 존재하는 것으로 추정한다.

② 식품으로 판매하는 1 차 농산품, 수렵품의 판매자

는 제조물책임을 부담해야 한다.

제 87 조 (약품, 혈액으로 인한 손해의 특별규정)
① 약품의 생산자, 판매자는 약품에 결함이 없음을 입증할 책임이 있다. 결함의 부재를 입증할 수 없을 경우에는 결함이 있는 약품으로 인한 손해에 대하여 배상책임을 부담해야 한다.
② 혈액제공기관은 혈액이 관련기준에 부합함을 입증할 책임이 있다. 혈액이 관련기준에 부합하는 사실을 증명할 수 없을 경우에는 배상책임을 부담한다. 행위 당시의 과학기술에 의거하여 혈액 속에 존재하는 피해 가능성을 발견할 수 없는 경우에는 발생한 손해에 대해 적절한 보충책임을 부담한다.

제 88 조 (담배 등과 관련한 건강유해경고의 불가면책성)
담배 등 제조물의 생산자, 판매자가 단순히 담배가 건강에 유해하다는 경고만 한 경우에는 이미 경고·설명의무를 모두 이행했다고 간주하지 않는다.

제 89 조 (신체적 손해발생의 실제손실초과 배상)
① 생산자, 판매자가 고의 혹은 중대과실로 인하여 제조물에 결함이 존재하거나 생산 혹은 판매하는 제품에 결함이 존재하여 타인의 신체를 침해할 수 있다는 사실을 분명히 알고도 여전히 생산㈣판매하여 타인에게 손

해를 가한 경우에는 피해자가 생산자, 판매자에게 실제 손실에 대한 배상 외에 본법 제39조의 규정을 초과하는 별도의 배상금의 지불을 청구할 수 있다.

② 위 항에 규정한 배상금은 책임자의 악의 정도 및 발생한 손해결과에 근거하여 필요한 한도 내에서 확정한다.

제 90 조 (제조물책임의 최장보호기간)

결함이 있는 제조물로 인한 신체적 손해배상청구권은 손해를 가한 결함이 있는 제조물이 최초 소비자에게 급부된 때로부터 만 15년이 경과하면 상실한다. 다만, 명시적 안전사용기간을 초과하지 않은 경우는 제외한다.

제 10 장   환경오염책임

제 91 조 (환경오염의 무과실책임)

환경오염으로 인하여 손해가 발생한 경우에는 오염자가 불법행위에 대한 책임을 부담한다.

제 92 조 (환경오염의 인과관계추정)

환경오염으로 인하여 분쟁이 발생하여 피해자가 오염행위와 손해간에 인과관계가 존재할 가능성을 기초적으로 증명한 경우에는 오염자는 그 오염행위와 피해자의 손해간에 인과관계가 존재하지 않음을 입증해야 한다. 오염자가 증명할 수 없거나 증명이 부족한 경우에는 인과관계의 성립을 인정한다.

제 93 조 (법정기준에 부합하는 배출항변의 배제)
오염자가 배출한 오염물질이 법정기준에는 부합하나 여전히 환경오염으로 인하여 손해가 발생한 경우에는 오염자가 불법행위에 대한 책임을 부담한다.

제 94 조 (다수인이 배출한 오염물질로 인한 손해의 배상책임)
① 2명 이상의 오염자가 각각 행한 오염행위로 인해 동일한 손해가 발생하였고, 모든 1인의 오염자의 오염행위가 전체의 손해를 발생시키기에 충분한 경우에는 연대책임을 부담한다.
② 2명 이상의 오염자가 각각 행한 오염행위로 인해 동일한 손해가 발생하였고, 모든 1인의 오염자의 오염행위가 전체의 손해를 발생시키기에 불충분한 경우에는 각각 행위의 원인력의 정도에 따라 책임을 부담한다.
③ 2인 이상의 오염자가 각각 행한 오염행위로 인해 동일한 손해가 발생하였고, 일부 오염자의 오염행위가 전체 손해를 발생시키기에 충분하고, 일부 오염자의 오염 행위는 부분 손해를 발생시킬 수 있는 경우에는 전체 손해를 발생시킬 수 있는 오염자가 기타 오염자

와 공동으로 발생시킨 손해의 부분에 대해서는 연대책임을 부담하고, 나머지 손해부분은 배상책임을 부담한다.

제 95 조 (부작위 신체적 손해에 대한 오염환경책임의 부담)

누구든지 개인이나 기관이 고도의 오염위험설비를 가지고 있거나 그 업종에 기인한 행위가 본질적 혹은 사용방법적 측면에서 오염의 위험이 존재하는 행위일 경우에는 관련 법률 규정을 준수할지라도 명백한 환경적 손해를 초래할 경우, 과실여부와 상관없이 환경관리부서는 환경침해의 정도에 따라 오염자에게 배상책임 부담을 청구하고 배상금은 환경오염처리기금으로 예치한다.

제 96 조 (제 3 자의 원인)

환경오염으로 인한 손해의 발생이 제 3 자에게 귀책할 사유가 있는 경우에는 피해자는 오염자 혹은 제 3 자에게 배상을 청구할 수 있다. 오염자가 배상책임을 부담한 후에는 제 3 자에게 구상할 권리가 있다.

제 97 조 (원인제거 및 원상회복)

환경오염으로 인한 손해를 가한 경우에는 오염자가 그에 상응한 환경침해행위로 인한 재산적 손해배상책임을 부담하는 것 외에 환경오염의 원인 혹은 배출의 위험을 제거해야 한다. 또한 오염 발생 이전의 상태로 환경을 회복하거나 원래의 환경상태에 상응하는 정도의 회복, 또는 원인제거, 원상회복 등을 위한 비용을 지불해야 한다.

제 98 조 (악의로 인한 환경오염의 실제손실초과 배상)
고의 혹은 중대한 과실로 인해 환경을 오염시켰거나 그 행위가 환경오염을 발생시킬 만한 실제적 가능성이 있음에도 불구하고 계속적으로 종사행위를 행하여 환경을 오염시킨 경우에는 피해자가 행위자에게 실제손실로 인한 배상 외에 별도로 본법 제39조 규정을 초과하는 배상금 지불을 청구할 수 있다.

제 99 조 (환경오염의 소멸시효)
환경오염의 손해로 인해 발생한 환경침해손해배상청구권은 본법 제32조의 규정을 적용한다. 배상책임을 부담하는 오염자간의 구상권은 환경침해손해배상책임을 이행한 후 3년이 경과하면 소멸시효가 완성된다.

제 100 조 (환경공익소송)
공공위생, 환경, 생활여건 등 사회공공이익에 손해를 가하는 행위에 대해서는 관련 이익단체, 정부 및 검찰청 외에도 누구든지 불법행위로 인한 민사소송을 제기하거나 참여할 권리가 있다.

제 11 장 인터넷 불법행위책임

제 101 조 (인터넷서비스제공자 책임부담의 일반규칙)

① 인터넷이용자, 인터넷서비스제공자가 인터넷을 이용하여 타인의 사법권익을 침해하여 손해를 가한 경우에는 불법행위책임을 부담한다 한다.

② 인터넷서비스제공자는 인터넷플랫폼서비스 제공자와 인터넷내용서비스 제공자를 포함한다.

제 102 조 ("세이프 하버 룰" 원칙의 적용)

인터넷이용자가 인터넷서비스를 통해 가해행위를 행하여 타인의 사법권익에 손해를 가한 경우에는 권리자는 인터넷서비스 제공자에게 통지하여 삭제, 차단 및 링크차단 등 기술상 가능한 필요조치를 제공하게 할 권리가 있다. 인터넷서비스제공자가 통지를 받은 후 합리적인 기간 내 필요조치를 취하지 않은 경우에는 그로 인해 손해가 확대된 부분에 대해서 그 인터넷이용자와 연대책임을 부담한다.

제 103 조 (통지, 요건 및 형식)

① 긴급한 상황을 제외하고 통지는 서면형식으로 제출한다. 서면형식은 우편문서, 전자문서 등 유형적으로 내용을 기재할 수 있는 형식이다.

② 통지는 이하 내용을 포함한다.
  1. 통지인의 성명(상호), 연락방식과 주소
  2. 필요조치를 요하는 권리를 침해하는 내용이 담긴 싸이트주소 혹은 권리침해를 확정할 만한 내용에 관한 정보
  3. 권리 침해를 구성하는 기본적인 증명자료
  4. 통지서의 진실성을 책임지는 통지인의 약정
③ 발송된 통지가 상술한 내용을 구비하지 않을 경우에는 유효한 통지를 발송하지 않은 것으로 간주하고 통지의 결과는 발생하지 않는다.

제104조 (합리적 기간의 확정)

① 본법 제102조에 규정한 합리적 기간은 이하의 요소를 고려하여 확정한다.
  1. 침해를 받은 사법권익의 중대성
  2. 채택한 필요조치의 기술가능성
  3. 채택한 필요조치의 긴박성
  4. 권리자가 요구하는 합리적 기간
② 통상적으로 합리적 기간은 24시간이다.

제105조 (손해의 확산부분계산)

손해의 확산부분은 통지가 인터넷서비스 제공자에게 도달한 때부터 시작하여 손해에 대한 영향을 제거하기 위해 취한 필요조치가 끝날 때까지의 시간 안에 발생

한 사법권익의 손해이다.

제 106 조 (필요조치를 위한 통지전달 혹은 공고의무)
　인터넷서비스 제공자가 필요조치를 취한 후, 즉시 신고 당한 인터넷이용자에게 통지를 전달한다. 전달할 수 없는 경우에는 통지 내용을 동일한 사이트 상에 공고해야 한다.

제 107 조 (통지의 반대서의 요건 및 형식)
　① 인터넷이용자가 통지를 받거나 공고를 인지한 후, 그 제공된 내용이 타인의 사법권익을 침해하지 않는다고 판단될 경우에는 인터넷서비스 제공자에게 서면으로 통지를 반대하는 문서를 제출하고, 그 게재한 내용을 원래대로 회복할 것을 요구할 수 있다.
　② 통지의 반대서는 이하 내용을 구비해야 한다.
　　1. 통지 반대인의 성명(상호), 연락방식 및 주소
　　2. 철회를 요구하는 이미 필요조치가 가해진 부분의 내용, 상호 및 사이트주소
　　3. 필요조치를 요구 당한 행위가 불법행위로 성립되지 않는다는 기본적인 증명자료
　　4. 통지 반대서의 진실성을 책임지는 통지 반대인의 약정

제 108 조 (인터넷서비스제공자의 통지 반대서의 처리)

인터넷서비스 제공자가 인터넷이용자로부터 서면으로 통지 반대서를 받은 후, 즉시 개제된 내용을 원상태로 회복시켜야 하고, 동시에 인터넷이용자의 통지 반대서를 통지인에게 전달해야 한다. 다만, 게재된 내용이 현저히 권리를 침해한다고 판단되는 경우는 제외한다.

제 109 조 (통지 반대서에 대한 불복소송)

인터넷서비스제공자가 통지 반대인의 요구에 따라 개제된 내용을 원상태로 회복시킨 후, 통지인은 인터넷서비스제공자에게 삭제, 차단 및 링크차단 등의 조치를 요구하는 재통지를 할 수 없다. 다만, 법원에 소송을 제기할 수 있다.

제 110 조 (통지발송인의 착오로 인한 배상책임)

통지인이 잘못된 통지를 발송하고 인테넷서비스제공자가 이를 근거로 필요조치를 취하여 피통지인에게 손실이 발생한 경우에는 통지인이 배상책임을 부담해야 한다.

제 111 조 ("Red flag 원칙" 의 적용)

인테넷서비스 제공자가 인터넷이용자가 인터넷서비스를 이용하여 타인의 사법권익을 침해하는 것을 인지하였음에도 불구하고 필요조치를 취하지 않은 경우에는 그 인터넷이용자와 연대책임을 부담한다.

제 112 조 (인지의 판단방법)
　인지란 인터넷서비스제공자가 인터넷이용자가 불법행위를 행했음을 분명히 알거나 이미 알고 있다는 사실을 증명할 수 있는 것을 말한다.

제 12 장　공개권의 불법행위 책임

제 113 조 (공개권의 불법행위 책임)
　① 개인과 단체는 자연인과 자연인 단체 자신의 인격표지에 대한 상품화적 이용권리인 공개권을 갖는다.
　② 공개권자의 허락 없이 광고, 포스터, 입간판, 공중의 소비를 목적으로 하는 제품, 정기간행물 등의 방식으로 타인의 인격표지가 포함된 물(物), 사진, 영화, 드라마, 연극, 음악, 미술 등을 사용할 경우에는 불법행위 책임을 부담해야 한다.

제 114 조 (공개권의 보호기한)
　①공개권은 그 권리자가 생존하거나 자연인 단체가 존속하는 동안과 사망 혹은 자연인단체가 해산한 후 30 년간 존속한다.
　② 두 명 이상의 자연인 혹은 자연인 단체가 공개권을 공동으로 갖는 경우에는 맨 마지막으로 사망한 자연

인이 사망하거나 자연인 단체를 해산할 수 있는 권리를 갖은 자의 사망 혹은 자연인 단체가 해산한 후, 30년간 존속한다.

③ 제1항 및 제2항에 따른 보호기간을 계산하는 경우에는 그 권리자가 사망하거나 단체가 해산한 다음 해부터 기산한다.

제 115 조 (공개권자의 청구권)

①공개권자는 그 권리를 침해하는 자에 대하여 침해정지 및 방해제거 청구를 할 수 있으며, 그 권리를 침해할 우려가 있는 자에 대하여 위험제거를 청구할 수 있다.

②공개권자는 제1항에 따른 청구를 하는 경우에 침해행위에 의하여 만들어진 물건의 폐기나 그 밖의 필요한 조치를 청구할 수 있다.

③공개권자는 침해 행위로 인하여 재산적 손해와 정신적 손해를 입은 경우에는 권리를 침해한 자에게 손해배상책임을 청구할 수 있다.

제 116 조 (손해배상의 계산)

① 공개권의 침해로 인한 손해를 배상할 경우에는 다음 기준 중 높은 기준을 적용하여 계산한다.

   1. 권리를 침해한 자가 그 침해행위에 의하여 얻은 이익의 액

2. 권리자가 통상적으로 그 권리를 행사하여 얻을 수 있는 재산적 가치

　② 권리자가 받은 재산적 손해의 액이 제1항에 따른 금액을 초과하는 경우에는 그 초과액에 대하여도 손해배상을 청구할 수 있다.

　③ 제1호와 제2호에도 불구하고 손해배상액을 산정하기 어려운 때에는 법원이 실제상황에 근거하여 적절한 손해배상액을 확정할 수 있다.

제 117 조 (인격 훼손에 따른 정신적 손해배상 등)

　공개권자는 권리를 침해한 자에 재산적 손해배상 청구 외에 정신적 손해배상을 청구할 수 있다. 이 경우 손해배상과 함께 명예회복을 위하여 필요한 조치를 청구할 수 있다.

제 118 조 (공개권자의 사망 후 권리의 보호)

　① 공개권자가 사망한 후에 그 상속자는 그 권리를 상속할 수 있다. 단 피상속자가 생전에 명시적인 반대의사를 표시한 경우는 제외한다.

　② 공개권자는 유언에 의해 타인에게 유증할 수 있고, 그 행사 방법 및 범위 등에 조건을 붙이거나 기간을 제한할 수 있다.

　③ 상속 혹은 유증으로 공개권을 취득한 자는 그 권리를 침해한 자에게 권리 침해 책임을 주장할 수 있다.

제 119 조 (양도)

① 공개권은 전부 또는 일부를 양도할 수 있다. 단, 장래 발생 가능성 있는 인격표지권 또는 초상재산권의 양도는 허용되지 아니한다.

② 양수자가 양도계약 상의 약정범위를 초과하여 인격표지를 이용한 경우에는 공개권자가 그에 대한 불법행위 책임을 청구할 수 있다.

제 120 조 (이용허락)

① 공개권자는 타인에게 인격표지의 이용을 허락받아야 한다. 허락을 받은 자 (이하 "이용자"라 한다)는 허락받은 이용방법 및 조건의 범위 안에서 인격표지권 및 초상재산권을 이용할 수 있다.

② 제1항에 따른 허락에 의하여 인격표지권 및 초상재산권을 이용할 수 있는 권리는 공개권자의 동의 없이 제3자에게 이를 다시 이용하는 것을 허락할 수 없다.

③ 이용자가 허락된 이용방법 및 조건의 범위를 초과하여 인격표시를 사용하거나 제3자에게 인격표시의 이용을 허락한 경우에 공개권자는 이용자에게 권리 침해 책임을 주장할 수 있다.

제 121 조 (단체의 인격표지권 침해)

단체의 구성원이 공동으로 갖는 공개권이 침해를 입

은 경우에는 단체의 구성원이 갖는 그 권리의 지분에 한하여 불법행위책임을 주장해야 한다.

제 122 조 (온라인서비스제공자의 책임제한)

인터넷서비스제공자가 타인의 공개권을 침해한 경우에는 본 모범법의 제 11 장 규정을 준용한다.

Lei-Modelo de Responsabilidade Civil para a Ásia Oriental

(Texto Provisório)

Aprovada na generalidade na sessão plenária da Academia de Direito de Responsabilidade Civil da Ásia Oriental, em 21 de Novembro de 2015, e com actualização mais recente em 28 de Abril de 2016.

Tradução: *WEI WANG MORBEY*[*]

Índice

Preâmbulo

Capítulo I: Finalidade e âmbito

Capítulo II: Causas e modos de imputação de responsabilidade civil

Capítulo III: Danos

Capítulo IV: Nexo de causalidade

Capítulo V: Dolo e negligência

---

[*] Professora Auxiliar da Faculdade de Direito da Universidade de Macau.

Capítulo VI: Excepções e prescrição
　Secção I: Excepções
　Secção II: Prescrição
Capítulo VII: Formas de reparação dos danos e seguro de responsabilidade civil
　Secção I: Reparação dos danos em geral
　Secção II: Disposições gerais de indemnização
　Secção III: Indemnização por lesões corporais
　Secção IV: Indemnização por danos patrimoniais
　Secção V: Indemnização por danos morais
　Secção VI: Seguro de responsabilidade civil
Capítulo VIII: Responsabilidade civil com pluralidade de sujeitos
　Secção I: Responsabilidade civil colectiva
　Secção II: Responsabilidade conjunta e solidária
　Secção III: Outros tipos de responsabilidade civil com pluralidade de sujeitos
Capítulo IX: Responsabilidade sobre produtos
Capítulo X: Responsabilidade por poluição ambiental
Capítulo XI: Responsabilidade civil na actividade cibernética
Capítulo XII: Responsabilidade civil resultante da violação do direito de publicidade

Preâmbulo

O instituto jurídico da responsabilidade civil consiste num conjunto de princípios e regras que, por um lado, protege os direitos e interesses das pessoas e, por outro, delimita a responsabilidade civil, sendo a primeira vertente o reforço da razão de ser do direito privado, e a segunda, o reforço da segurança jurídica essencial para a liberdade de agir dos sujeitos de relações jurídicas. A Ásia Oriental, localizada a oeste do Oceano Pacífico, é uma das regiões mais densamente povoadas do mundo, e também é uma das regiões de crescimento económico mais rápido no mundo. A nível mundial, a formação do mercado comum da Ásia Oriental revestir-se-á de importante significado para o progresso social e o desenvolvimento económico, cuja promoção continuada carece, por um lado, de uma protecção efectiva dos direitos e interesses privados dos intervenientes no mercado comum da Ásia Oriental e, por outro lado, de assegurar a liberdade de agir dos sujeitos de relações jurídicas. Assim, o instituto jurídico de responsabilidade civil desempenhará certamente um papel cada vez mais importante. Neste contexto, o facto de as legislações em matéria de responsabilidade civil diferirem de uma jurisdição para outra pode limitar ou impedir a acumulação de capital, o fluxo de talentos, a interação social e a protecção dos direitos e interesses privados, etc., o que não é propício para o desenvolvimento ordenado do mercado comum do Ásia Oriental e é prejudicial ao pleno gozo dos direitos e interesses pelos povos desta região, razão pela qual, as jurisdições dos países da Ásia Oriental apelam por um acordo de base do entendimento comum em matéria de responsabilidade civil, com princípios e regras harmoniosos de responsabilidade civil, estabelecendo deste modo o quadro estruturante da regulação de responsabilidade civil trans-jurisdicional, para promover a prosperidade e o desenvolvimento do mercado comum da Ásia Oriental e proteger os direitos e interesses das pessoas de todas as jurisdições na região.

Com a intenção de unir os académicos e operadores de direito da Ásia Oriental, e de outras partes da Ásia, para pesquisarem as legislações, as jurisprudências e as doutrinas relativas à responsabilidade civil das jurisdições da Ásia Oriental, a fim de promover o desenvolvimento do instituto jurídico de responsabilidade civil, esta Academia elaborou a presente Lei-Modelo, com o recurso ao trabalho colectivo de vários anos. Trata-se de um modelo precursor destinado à uniformização do instituto jurídico de responsabilidade civil das jurisdições da Ásia Oriental e, com isto, pretende-se também entrar num percurso de uniformização do direito de responsabilidade civil a nível mundial.

A natureza da presente Lei-Modelo é de soft law, contendo o programa proposto pela Academia que visa a uniformização do direito de responsabilidade civil das jurisdições da Ásia Oriental. Embora a Lei-Modelo seja demonstrativa e não vinculativa, os autores deste projecto aspiram a que:

i) a presente Lei-Modelo possa influenciar as actividades legislativas das jurisdições da Ásia Oriental, na medida em que estas, ao estipular ou modificar a sua lei de responsabilidade civil, tomem a presente Lei-Modelo como inspiração ou adoptem as normas nela estabelecidas;

ii) as regras contidas nesta Lei-Modelo possam ser invocadas como fundamento jurídico de sentença judicial quando houver conflitos entre os sujeitos de relações jurídicas da Ásia Oriental;

iii) os magistrados de cada jurisdição da Ásia Oriental possam recorrer à presente Lei-Modelo optando pela fundamentação teórica assente nas normas que nela se contêm;

iv) esta Lei-Modelo possa ser objecto de estudo entre os juristas desta região e de outras áreas do mundo, fornecendo materiais e informações para o ensino e a pesquisa do direito de responsabilidade civil a nível mundial.

A presente Lei-Modelo está estruturada em duas partes:

A primeira parte contém as generalidades da responsabilidade civil tratadas nos capítulos I a VII: finalidade e âmbito da protecção na Lei-Modelo; causas e modos de imputação da responsabilidade civil; pressupostos constitutivos da responsabilidade civil; excepções; formas de reparação dos danos; seguro; e pluralidade de sujeitos na responsabilidade civil.

A segunda parte regula quatro tipos de ilícitos especiais no domínio de responsabilidade civil, cuja selecção reúne o maior consenso quanto à tipologia de responsabilidade civil na Ásia Oriental: (a) "responsabilidade sobre produtos" (capítulo IX), que visa a promoção da circulação de bens, a protecção dos consumidores, e a uniformização da regulação da responsabilidade do produtor nesta região; (b) "responsabilidade por poluição ambiental" (capítulo X), que visa a protecção do direito de todos viverem num meio ambiental seguro, saudável e ecologicamente equilibrado, a promoção da melhoria ambiental, bem como a salvaguarda dos direitos e interesses das vítimas dos danos causados pela poluição; (c) "Responsabilidade civil na actividade cibernética" (capítulo XI), que visa a promoção da integração de informações da Ásia Oriental, a protecção da liberdade cibernética, a regulação dos serviços de internet e a defesa dos direitos e interesses dos utilizadores da Internet; (d) "responsabilidade civil resultante da violação do direito de publicidade" (capítulo XII), que visa a promoção do desenvolvimento da protecção jurídica dos direitos de personalidade, o encaminhamento da nova tendência da protecção dos direitos de personalidade incluindo a protecção dos sinais distintivos da personalidade. A presente Lei-Modelo não inclui as demais categorias de responsabilidade civil.

Os autores desta Lei-Modelo esperam poder, através da sua divulgação, promover o progresso tanto do estudo teórico como da prática judicial do direito de responsabilidade civil na Ásia Oriental, e ter também uma influência positiva no mundo, em matéria de responsabilidade civil.

Capítulo I Finalidade e âmbito

Artigo 1.º Finalidade

A presente Lei-Modelo tem por finalidade: harmonizar as normas de responsabilidade civil existentes nas diversas jurisdições da Ásia Oriental; proteger a liberdade de acção dos sujeitos de relações jurídicas, e seus direitos e interesses; conduzir o rumo do desenvolvimento do direito de responsabilidade civil; promover a harmonização e o progresso dos sistemas jurídicos da Ásia Oriental.

Artigo 2.º Âmbito

A presente Lei-Modelo visa, mediante o mecanismo de responsabilidade civil, assegurar:

(i) direitos privados;

(ii) interesses económicos legalmente protegidos; e

(iii) meio ambiental saudável e outros bens expressamente tutelados pela lei.

Capítulo II Causas e modos de imputação de responsabilidade civil

Artigo 3.º Responsabilidade fundada na culpa

Aquele que violar culposamente o direito de outrem causando danos fica obrigado a repará-los.

Aquele que violar deliberadamente os interesses de outrem, incluindo os interesses económicos puros, causando danos, fica obrigado a repará-los.

Aquele que violar negligentemente os interesses privados de outrem causando danos significativos ou concorrendo circunstâncias agravantes fica obrigado a repará-los.

Artigo 4.º Presunção de culpa

Quando houver presunção legal de culpa de quem violar direitos e interesses de outrem causando danos, fica o lesado dispensado do ónus da prova, cabendo ao autor da ofensa a prova da ausência da culpa.

Artigo 5.º Responsabilidade sem culpa

Aquele que violar os direitos e interesses de outrem é responsável pelos danos causados, independentemente de culpa, nos casos especificados na lei.

A responsabilidade objectiva prevista no parágrafo anterior inclui a responsabilidade por risco, por defeito ou por outras causas imputáveis especificadas na lei.

No caso de responsabilidade sem culpa, são aplicáveis as disposições que estabelecem limites máximos de indemnização.

Provado que o agente tem culpa, é aplicável a disposição prevista no artigo 3º da Lei-Modelo relativamente à responsabilidade fundada na culpa.

Artigo 6.º Responsabilidade por actos de terceiros

No caso de a lei expressamente prever a responsabilidade por actos de terceiros, aquele que legalmente é responsável pela prática de actos ofensivos por outrem, deve assumir a responsabilidade civil.

O acto praticado por inimputável, prejudicando os direitos ou interesses de outrem, acarreta a responsabilidade de quem exerce o poder paternal ou do respectivo tutor como previsto no parágrafo anterior.

Capítulo III Danos

Artigo 7.º Definição

Para efeitos desta Lei-Modelo, considera-se dano o prejuízo patrimonial ou não patrimonial causado pelo acto duma pessoa lesivo dos direitos e interesses de outrem legalmente protegidos.

Artigo 8.º Tipologia

O dano previsto no artigo anterior abrange:

(ⅰ) danos pessoais, que abrangem a morte, invalidez ou lesões corporais da vítima causados pela violação do seu direito à vida, saúde e integridade física, bem como prejuízos patrimoniais ou não patrimoniais daí emergentes;

(ⅱ) danos patrimoniais, incluindo os prejuízos do património do lesado causados pela violação dos direitos reais, de crédito, de propriedade intelectual e interesses legalmente protegidos, incluindo a diminuição efectiva do património existente e os lucros cessantes;

(ⅲ) danos do interesse patrimonial da personalidade, referentes ao reflexo patrimonial do dano moral; e

(iv) danos morais, relativos aos prejuízos sofridos psicológica e fisicamente pela vítima, em consequência de violação do seu direito de personalidade, e de prejuízos causados aos bens que contêm elementos pessoais originando danos relativos aos interesses associados com a personalidade.

Artigo 9.º   Graduação de direitos e interesses privados

Os direitos e interesses de natureza diversa previstos nesta Lei-Modelo serão protegidos de acordo com a seguinte ordem:

(i) direito à vida, saúde, integridade física, liberdade, dignidade e integridade psíquica;

b) demais direitos e interesses respeitantes à personalidade e ao estado da pessoa; e

c) direitos reais, de crédito, de propriedade intelectual e demais direitos patrimoniais.

Havendo conflito entre os direitos e interesses privados previstos no parágrafo anterior, o de grau mais elevado prevalece na protecção legalmente concedida.

Artigo 10.º   Custos razoáveis destinados à prevenção ou redução dos danos

Ocorrido o facto ilícito passível de responsabilidade civil, a despesa razoável feita pelo ofendido para prevenir ou reduzir o dano considera-se integrada noâmbito do dano indemnizável.

Consideram-se integrados no âmbito do dano indemnizável previsto no parágrafo anterior os custos razoáveis dispendidos para garantir reparações tais como honorários pagos aos advogados e despesas para realizar a investigação.

Artigo 11.º Comprovação dos danos

Cabe ao lesado fazer a prova da existência, grau e extensão dos danos sofridos, excepto nos casos especiais em que a lei preveja diferentemente.

Quando houver excessiva dificuldade em quantificar em numerário os danos, ou a respectiva prova implicar despesa excessiva, o tribunal pode fixar o valor da indemnização segundo a equidade.

Capítulo IV   Nexo de causalidade

Artigo 12.º Definição

Existe uma relação de causalidade entre uma conduta ilícita e um dano quando se verificar que sem tal conduta ilícita não ocorreria o dano.

Caso uma conduta ilícita, na perspectiva de relação factual de causalidade, seja geralmente suficiente para causar um dano, considerar-se a existência de uma relação jurídica de causalidade entre tal conduta ilícita e o dano.

Para fins de regulação e ponderação equilibrada da liberdade de acção do agente por um lado, e de garantir o direito ou interesses do ofendido por outro, pode ser ajustado de forma adequada o padrão para determinar a relação jurídica causal.

Artigo 13.º Tipologia

Existe nexo de causalidade constitutivo de responsabilidade civil numa relação jurídica de causalidade entre a conduta ilícita e o dano.

Existe nexo de causalidade imputável de responsabilidade civil numa relação jurídica de causalidade entre a conduta ilícita e a extensão e grau do dano.

Artigo 14.º Ónus da prova

Cabe ao lesado fazer a prova da verificação do nexo de causalidade constitutivo da responsabilidade civil e do nexo de causalidade imputável de responsabilidade civil.

Artigo 15.º Presunção do nexo de causalidade: inversão ou atenuação do ónus da prova

Havendo presunção legal do nexo de causalidade assente numa determinada ligação entre uma conduta ilícita e respectivas consequências danosas, fica o lesado dispensado do ónus da prova, e cabe ao agente fazer prova capaz de ilidir tal presunção.

Quando, de acordo com as regras de experiência comum, o lesado não for capaz de fazer a prova suficiente para chegar ao critério de elevada probabilidade, para verificar uma relação causal entre a conduta ilícita e o dano, mas suficiente para satisfazer o padrão de probabilidade, pode considerar-se feita a prova, salvo se o autor da ofensa demonstrar com sucesso a inexistência de tal nexo de causalidade mediante prova em contrário.

Capítulo V Dolo e negligência

Artigo 16.º Dolo

Para efeitos desta Lei-Modelo, entende-se por dolo o estado mental de alguém que, deliberadamente, pratique um acto susceptível de causar dano a outrem, com a intenção de que tal dano venha a surgir ou nada faça para o evitar.

Artigo 17.º Prova do dolo

A prova do dolo carece da demonstração de que o agente tinha consciência do dano ser causado pela sua conduta. Para determinar se o agente tinha ou não tal consciência, deve tomar-se em consideração a prova feita pelo lesado, combinada com a circunstância em que o agente actuou, seu modus operandi, nível intelectual e experiência, bem como os demais factores, nomeadamente a evidência dos direitos e interesses privados envolvidos.

Se, tendo consciência de o dano vir a resultar do seu acto, o agente continuar a praticá-lo, deve determinar-se que o mesmo agiu com a intenção de que o dano viesse a ocorrer ou sem se opôr à sua ocorrência.

Artigo 18.º Negligência

Para efeitos desta Lei-Modelo, entende-se por negligência o estado mental de alguém que, embora sem intenção de causar dano a outrem, o produza por não ter tomado o devido cuidado.

Em circunstâncias normais, a violação do dever de cuidado que o agente devia observar no contexto concreto em que actuou, pode determinar a existência de negligência.

Artigo 19.º Grau de negligência

A negligência é graduada nas seguintes categorias:

(i) negligência grosseira, em que o comportamento do agente constitui uma violação do dever de cuidado de tal maneira grave que uma pessoa média com a mínima prudência podia evitá-lo;

(ii) negligência leve objectiva ou em abstracto, em que o

agente viola o dever de gestor criterioso e ordenado; e
(iii) negligência leve subjetiva ou em concreto, em que o agente viola o dever de diligência por não cuidar da coisa como se fosse sua.

Artigo 20.º Prova de negligência

Caso o lesado demonstre que o agente estava adstrito ao dever de cuidado no momento da prática do acto ilícito sem, aliás, cumprir esse dever, fica provada a existência de negligência. A avaliação do diferente grau exigível ao cumprimento do dever de cuidado segue o critério legal aplicável.

Devem ajustar-se os padrões de conduta na avaliação do cumprimento do dever de cuidado, atendendo à idade, estado mental, condições físicas e demais factores do agente.

Para avaliar se um advogado, contabilista, arquitecto, médico ou outro profissional agiu com negligência, deve tomar-se em consideração o critério existente em cada uma destas profissões quanto ao dever de cuidado na altura da prática do acto.

Havendo presunção legal de negligência, o critério a que o agente pode recorrer para provar ausência da negligência é o do cumprimento cabal do dever de cuidado.

Artigo 21.º Culpa

O agente deve assumir a responsabilidade civil por danos

causados a outrem quando agiu com culpa. O agente só assume a responsabilidade civil independentemente de culpa nos casos especificados na lei.

Na fixação do montante de indemnização a repartir entre as partes nos casos em que existe culpa concorrente, responsabilidade solidária ou conjunta, deve tomar-se em consideração respectivo grau de culpa.

Capítulo VI Excepções e prescrição

Secção I Excepções

Artigo 22.º Excepções e sua prova

As excepções obstam à verificação da responsabilidade civil ou diminuem essa responsabilidade.

Compete ao agente ou responsável por actos de terceiros fazer a prova da existência das excepções que obstam à verificação da responsabilidade civil ou diminuam essa responsabilidade.

Artigo 23.º Desempenho de funções públicas

Não existe responsabilidade civil quando a conduta do agente cause danos a outrem devido ao legítimo exercício das suas funções, de acordo com a lei, salvo disposição em contrário.

Artigo 24.º Legítima defesa

Aquele que for compelido a praticar um acto lesivo em defesa do seu direito e interesses legalmente protegidos e dos de terceiro, não é obrigado a indemnizar pelos danos por ele causados. Mas, no caso de excesso de defesa, o lesado pode reclamar indemnização relativa aos danos aí produzidos.

Artigo 25.º Estado de necessidade

Aquele que praticar um acto causador de danos a outrem, para afastar um perigo actual, não é obrigado a reparar os danos. Cabe à pessoa que provocou tal perigo assumir a responsabilidade.

Caso o agente empregue meio inadequado ou aja excessivamente, deve incorrer na obrigação de indemnizar adequadamente.

Quando o perigo for devido a causas naturais, o beneficiário das medidas deve partilhar a perda proporcional ao seu ganho.

Artigo 26.º Acção directa

Quando a acção directa for indispensável pela impossibilidade de recorrer em tempo útil ao poder competente para salvaguardar o próprio direito e interesse legalmente protegidos, o respectivo agente pode tomar medidas cautelares necessárias sobre os bens do outro agente ou condicionar adequadamente a liberdade pessoal deste, sem assumir a responsabilidade por dano causado.

O agente de acção directa deve comunicar imediatamente ao tribunal ou outras autoridades competentes, após ocorrida tal acção, pedindo a sua intervenção, sem o que pode incorrer em responsabilidade civil.

Quando houver excesso na acção directa e daí resultarem danos, o agente de acção directa deve assumir a obrigação de indemnizar de forma adequada.

Artigo 27.º Consentimento do lesado

O consentimento do lesado exclui a responsabilidade civil do agente sobre os danos causados, excepto se tal consentimento for contrário a uma obrigação legal, à ordem pública ou aos bons costumes.

O consentimento prévio do lesado não exclui, porém, a responsabilidade civil do agente quanto à lesão física causada, salvo disposição legal expressa em contrário.

Artigo 28.º Força maior

O agente não assume a responsabilidade civil pelos danos causados por motivo de força maior, salvo disposição legal em contrário.

Caso os danos sejam causados conjuntamente por força maior e conduta do agente, este é responsável por indemnização proporcionalmente ao grau de negligência e à potencialidade causal.

Artigo 29.º   Causalidade imputável a terceiro

Quando os danos forem causados por terceiro, este deve assumir a responsabilidade de repará-los, ficando o agente isento da responsabilidade, com excepção de previsão legal em contrário.

Artigo 30.º   Culpa da vítima

O agente não é responsável pelos danos causados inteiramente por dolo ou negligência da vítima.

Artigo 31.º   Assunção do risco

O agente não é responsável por danos causados ao lesado quando este voluntariamente participar no acto, com consciência do perigo previsível, e assumir o risco por vontade própria, expressa ou implicitamente, desde que tal consentimento não viole a ordem pública, os bons costumes ou normas imperativas de direito.

Secção II   Prescrição

Artigo 32.º   Prazo de prescrição

O prazo ordinário de prescrição da responsabilidade civil é

de três anos.

Prescrevem no prazo de cinco anos a responsabilidade civil resultante da violação do direito à vida, saúde e integridade física.

Artigo 33.º Início do curso de prescrição

O prazo de prescrição começa a correr quando o lesado tiver conhecimento da violação do seu direito e do agente responsável pelo dano causado. No caso de o acto ilícito se encontrar em estado continuado, o prazo de prescrição começa a correr quando tal estado terminar.

Artigo 34.º Prazo máximo de prescrição

O prazo máximo de prescrição é de vinte anos, salvo situações excepcionais às quais o tribunal atenda para efeitos de prorrogação do mesmo prazo.

Capítulo VII Formas de reparação dos danos e seguro de responsabilidade civil

Seção I Reparação dos danos em geral

Artigo 35.º Indemnização

O lesado tem o direito de exigir ao agente responsável por

indemnização, a reparação dos danos, na medida da reposição das coisas no seu estado anterior à ocorrência da lesão.

Artigo 36.º Injunção judiciária

Quando uma pessoa tiver prova de alguém estar ou ir praticar de imediato um acto ofensivo do seu direito ou interesse, fazendo com que sofra danos, caso não tome medidas impeditivas ou preventivas, pode requerer a injunção judiciária. Se, porém, tal injunção envolver bens, o requerente deve prestar caução adequada.

O tribunal pode decretar a injunção ordenando ao agente que ponha termo à prática do acto ilícito.

A injunção judiciária deve ser acatada imediatamente.

Artigo 37.º Modus operandi da reparação dos danos

As formas de reparação dos danos aplicam-se separada ou conjuntamente.

O lesado pode escolher a forma de reparar o direito violado, desde que seja praticamente viável, mas não pode aumentar excessivamente o ónus de indemnização nem em violar o princípio de boa-fé.

Secção II Disposições gerais de indemnização

Artigo 38.º Titulares do direito à indemnização

Os titulares do direito à indemnização são as pessoas que sofrem directamente danos patrimoniais e não patrimoniais.

Os nascituros são titulares do direito à indemnização relativamente às lesões sofridas enquanto concepturos.

No que diz respeito aos danos sobre os interesses de personalidade do de cujus, têm legitimidade para exigir indemnização o cônjuge sobrevivo, os pais e filhos do de cujus, ou, na falta destes, os parentes até ao 4º grau.

Após a morte duma pessoa, são titulares do direito à indemnização:

(i) o cônjuge sobrevivo, os pais e filhos do falecido, ou, na falta destes, os parentes até ao 4º grau;

(ii) as pessoas a quem o falecido em vida devia prestar alimentos; e

(iii) as pessoas que pagaram as despesas médicas, de funeral e outras despesas relacionadas.

Artigo 39.º Danos indemnizáveis

O âmbito dos danos indemnizáveis abrange tanto os prejuízos actuais sofridos pelo lesado, como os benefícios que o lesado deixou de obter em consequência da lesão.

Artigo 40.º Indemnização da totalidade

Deve processar-se a indemnização na totalidade, isto é,

que compreenda os danos emergentes e os lucros cessantes, salvo disposição legal em contrário.

Artigo 41.º Manutenção do padrão mínimo de vida e redução do montante indemnizável

Para determinar o valor indemnizável a pagar pela pessoa física, deve considerar-se a manutenção do padrão mínimo de vida do agente e sua obrigação legal de prestar alimentos, bem como as despesas necessárias para pagar a educação de menores.

Caso a indemnização da totalidade faça com que o agente não possa suportar os encargos referidos no parágrafo anterior, pode ser reduzido o seu montante, a pedido do mesmo.

Para determinar em concreto o montante de redução da indemnização, deve tomar-se em consideração, inter alia, ao grau de dolo ou negligência do agente, à natureza e gravidade da lesão, bem como ao grau de diminuição da capacidade do lesado.

Artigo 42.º Indemnização de danos futuros

Para indemnização de danos futuros, as partes podem acordar no pagamento em prestações periódicas ou no pagamento de uma só vez.

Caso acordem na indemnização pelo pagamento em prestações periódicas, o agente deve prestar caução adequada.

Caso acordem na indemnização pelo pagamento de

uma só vez, o agente assume a obrigação de indemnizar em conformidade, excluindo-se o benefício do prazo para a indemnização dos futuros danos.

Caso as partes não cheguem a acordo relativo aos modos de pagamento previstos no primeiro parágrafo deste artigo, cabe ao tribunal decidir quanto à forma de indemnizar, de acordo com a situação real, devendo prevalecer o pagamento em prestações periódicas.

Artigo 43.º Compensatio lucri cum damno

Sempre que o acto constitutivo de responsabilidade civil tenha produzido ao lesado não apenas danos, mas, também, benefícios, estes devem compensar-se com aqueles, desde que tenham a mesma causa comum.

Seção III Indemnização por lesões corporais

Artigo 44.º Definição da lesão corporal

Aquele que violar a integridade física de outrem causando ferimentos, invalidez ou morte da vítima, fica obrigado a indemnizar pelos danos causados.

No caso de lesão causada à integridade física, insusceptível de ser calculado o seu montante real, deve o responsável assumir a indemnização nominal.

Artigo 45.º Reparação do dano causado a concepturo e nascituro

Se um acto lesivo do direito causar dano a concepturo, determina-se o ressarcimento do dano de acordo com a lesão física efectivamente sofrida. No caso de nado-morto, cabe à sua progenitora reclamar a indemnização.

Artigo 46.º Malformações congénitas

Quando, por negligência médica, não forem detectadas deficiências num concepturo, originando o nascimento de criança portadora de graves malformações, os seus progenitores podem reclamar indemnização das despesas adicionais por causa dessas malformações.

Quando o nascimento de criança portadora de graves malformações ou quaisquer doenças genéticas for devido à negligência do pessoal médico que não forneceu informações correctas à mulher grávida, privando-a de oportunidade de interromper a gravidez, a responsabilidade de reparação dos danos deve ser determinada de acordo com as necessidades reais do portador de malformações congénitas.

Artigo 47.º Reparação do dano por perda de oportunidade de cura ou de prolongamento da sobrevivência

Se, por acto ilícito do agente, ficar reduzida a oportunidade de cura ou de prolongamento da sobrevivência, pode a vítima exigir indemnização.

No pedido de indemnização previsto no parágrafo anterior, a vítima deve provar o nexo de causalidade entre o acto ilícito e a perda da oportunidade.

Secção IV Indemnização por danos patrimoniais

Artigo 48.º Âmbito da indemnização por danos patrimoniais

Aquele que violar direitos reais, propriedade intelectual e outros direitos patrimoniais de outrem causando danos, deve indemnizar o lesado pela perda ou diminuição do valor patrimonial, incluindo as despesas efectuadas pela restauração do valor original.

Aquele que violar o direito de crédito de outrem com conhecimento que a essa pessoa pertence o crédito deve reparar o dano causado.

Artigo 49.º Método de cálculo de danos patrimoniais

O dano indemnizável é calculado de acordo com o alcance real do prejuízo sofrido. Se for possível recorrer ao preço de mercado, será feito o cálculo conforme o preço de mercado no momento em que ocorreu o dano ou determinação da responsabilidade civil. Não havendo indicação do preço de mercado ou sendo tal preço manifestamente injusto, deve fixar-se o montante indemnizável de acordo com a situação real.

O cálculo de lucros cessantes deve basear-se nos possíveis benefícios a receber objectivamente e evitar a ampliação ou diminuição indevida do montante indemnizável.

Artigo 50.º Regras sobre previsibilidade

Àquele que causa, por negligência, danos à propriedade de outrem de valor imprevisível, pode ser reduzido adequadamente o montante a indemnizar.

Secção V Indemnização por danos morais

Artigo 51.º Âmbito da indemnização por danos morais

Aquele que violar o direito pessoal de outrem deve indemnizá-lo por danos morais causados.

No caso da violação do direito causar a morte ou grave lesão física da vítima, seu cônjuge, seus pais e filhos podem exigir indemnização por danos morais sofridos.

Artigo 52.º Direito de publicidade

São indemnizáveis os prejuízos económicos causados por violação do direito ao nome, à imagem e à reserva da intimidade ou outros direitos pessoais, sendo o cálculo feito de acordo com os danos efectivamente sofridos pela vítima ou os benefícios daí obtidos pelo agente. Caso seja difícil determiná-los, e as partes não cheguem a acordo quanto ao montante da indemnização, o tribunal pode fixar o montante da indemnização atendendo à situação real.

Artigo 53.º Indemnização por dano de interesse patrimonial da personalidade

Aquele que praticar um acto lesivo a uma coisa com valor estimativo, causando ao seu titular grave dano moral, pode ter de indemnizar a título de dano moral.

Artigo 54.º Indemnização por abalo nervoso

A pessoa que sofreu grave dano moral em decorrência de choque por ter assistido pessoalmente a uma cena cruel que vitimou seu cônjuge, seus filhos, ou seus pais, pode reclamar indemnização por dano moral.

É aplicável a disposição contida no parágrafo anterior no caso de alguém ter assistido pessoalmente a cena cruel que vitimou seus avós, netos ou irmãos com quem vivia e sofra grave dano moral em decorrência disso.

Artigo 55.º Fixação do valor de indemnização por danos morais

O montante da indemnização por danos morais é determinado de acordo com os seguintes factores:
- (i) grau de sofrimento físico e/ou psíquico da vítima, seu cônjuge, seus filhos e pais;
- (ii) rendimento e condições de vida da vítima;
- (iii) grau de culpa do agente;
- (iv) circunstâncias detalhadas, nomeadamente, local escolhido, meios empregues e métodos utilizados;
- (v) consequências causadas pelo acto ilícito;
- (vi) capacidade económica do agente para assumir a responsabilidade; e
- (vii) nível médio de vida onde se situa o tribunal em que correm os autos.

Secção VI Seguro de responsabilidade civil

Artigo 56.º Seguro de responsabilidade civil por acto de segurado

Quando a obrigação de indemnizar estiver parcial ou totalmente transferida para uma seguradora, mediante seguro obrigatório ou facultativo de responsabilidade civil, o lesado pode exigir indemnização ao agente responsável pelo dano ou à seguradora, salvo disposição legal em contrário.

Artigo 57.º Obrigação de indemnização no caso de

insuficiência do seguro de responsabilidade civil

Se, após cumprida a obrigação pela seguradora, o dano não for ressarcido por completo, a vítima pode exigir a diferença ao agente.

Capítulo VIII   Responsabilidade civil com pluralidade de sujeitos

Secção I   Responsabilidade civil colectiva

Artigo 58.º   Responsabilidade civil colectiva subjectiva

Vários sujeitos que tenham violado o direito e interesse de outrem em conjunto respondem solidariamente pelos danos causados.

Artigo 59.º   Responsabilidade de instigadores e auxiliares

Instigadores ou auxiliares de acto lesivo do direito de outrem devem responder solidariamente com os autores pelos danos causados.

Aquele que instigar um inimputável à prática de acto lesivo do direito de outrem, fica obrigado a reparar os danos causados.

Se instigar ou auxiliar alguém com limitação na capacidade de assumir a responsabilidade civil, ou auxiliar inimputáveis, devem o instigador e o auxiliar responder solidariamente pelos danos causados; no caso de titulares de poder paternal ou de tutor de inimputável ou de quem com limitação na capacidade de assumir a responsabilidade civil não cumprir o dever de tutela, ficam obrigados a indemnizar os danos causados, proporcionalmente ao grau e à causa de negligência.

Artigo 60.º Responsabilidade de membros de grupos

Quando alguns dos membros de um grupo praticarem qualquer acto lesivo do direito de outrem causando danos, os outros membros devem assumir a responsabilidade solidária, salvo comprovação de que tal acto ilícito não se integra nas actividades desse grupo.

Artigo 61.º Responsabilidade civil colectiva objectiva

Se, embora não o querendo, vários sujeitos produzirem o mesmo dano por conduta com nexo causal e o resultado da lesão não seja divisível, todos devem responder solidariamente pelos danos causados.

Artigo 62.º Causalidade alternativa

Tratando-se de situações em que duas ou mais pessoas tenham praticado em conjunto um acto perigoso à vida, ou ameaçador da segurança dos bens de outrem, causando danos, sem, porém, se identificarem os responsáveis pelos danos, respondem todos solidariamente pelos danos causados.

Quem apenas demonstra que a sua conduta não causou o dano, não fica por isso isento da obrigação de indemnizar prevista no parágrafo anterior.

Artigo 63.º Causalidade cumulativa

Quando os actos de vários sujeitos contribuirem para a ocorrência de um dano, sendo quaisquer dessas condutas passíveis, por si só, de ocasionar o mesmo, ficam todos obrigados solidariamente a indemnizar pelo dano causado.

Quando os actos de vários sujeitos contribuirem para a ocorrência de um dano, sendo alguns passíveis, por si só, de ocasionar o dano, e, outros, passíveis de ocasionar parcialmente o dano, ficam obrigados solidariamente a indemnizar por parte do dano causado por todos.

Secção II Responsabilidade conjunta e solidária

Artigo 64.º Responsabilidade conjunta

Havendo uma pluralidade de pessoas que praticaram separadamente actos lesivos do direito de outrem, causando o mesmo dano, susceptível de ser repartido pelos intervenientes, devem assumir obrigação conjunta de indemnização, salvo disposição legal em contrário.

Qualquer dos responsáveis conjuntos pode recusar o pedido

de indemnização superior à parte que deve.

Artigo 65.º Responsabilidade solidária, sua repartição e redistribuição

Quando a lei prevê a responsabilidade solidária, a vítima tem a faculdade de exigir a indemnização integral a qualquer um, a alguns ou a todos os responsáveis solidários, sem ultrapassar o montante total indemnizável.

O responsável solidário que assuma obrigação de indemnização superior à parcela que lhe cabe, tem direito, quanto à parte excedente, a recebê-la dos outros responsáveis solidários.

Se algum responsável solidário não puder assumir parcial ou totalmente a sua obrigação de indemnização, cabe aos demais responsáveis solidários assumir a satisfação dessa parcela, na proporção que lhe cabe.

Artigo 66.º Fixação das parcelas finais de responsabilidade solidária

A fixação das parcelas finais de responsabilidade solidária que cabe a cada um dos responsáveis toma em consideração os seguintes factores:

(i) grau de culpa;

(ii) potencialidade causal;

(iii) grau de risco objectivo; e

(iv) outros factores jurídicos.

Não podendo fixar-se as parcelas finais de responsabilidade solidária ccm recurso ao método previsto no parágrafo anterior, todos comparticipam em partes iguais na indemnização.

Artigo 67.º Direito à redistribuição

O direito à redistribuição é o direito de quem, após paga indemnizacão superior à parcela final que lhe cabe, reclamar contra os demais responsáveis adstritos à obrigação final de pagamento que assumam a respectiva diferença.

Artigo 68.º Responsabilidade mista

Na responsabilidade mista integrada por obrigação solidária e obrigação conjunta, os responsáveis solidários satisfazem integralmente o direito à indemnização; os responsáveis conjuntos satisfazem apenas o direito à indemnização relativa à parcela de cada um cue pode recusar o pedido de indemnização superior à parte que deve.

Uma vez cumprida a obrigação de indemnização superior à parcela final que lhe cabe, o responsável solidário tem o direito de exigir a redistribuição da indemnização aos demais adstritos à obrigação solidária ou conjunta.

Secção III Outros tipos de responsabilidade civil com pluralidade de sujeitos

Artigo 69.º Responsabilidade solidária imprópria e indemnização

Se houver dois ou mais pedidos de indemnização em decorrência do mesmo facto causador do dano, com o mesmo objectivo reparador, e só um responsável solidário assumir a obrigação final de indemnização, sem haver previsão legal sobre a ordem pela qual se exerce o pedido de indemnização, a vítima pode exigir a satisfação integral do direito à indemnização a um ou vários responsáveis solidários.

Se a pessoa a quem a vítima exigiu a indemnização não for o responsável solidário final, uma vez assumida a obrigação intermediária de indemnização, existe direito de regresso contra o responsável final.

Artigo 70.º Assunção da obrigação por quem não seja responsável final e direito de regresso

Se houver dois ou mais pedidos de indemnização em decorrência do mesmo facto causador do dano e com o mesmo objectivo reparador e só um responsável final entre os responsáveis solidários, prevendo a lei o pedido de indemnização dirigido somente ao responsável intercalar, este, uma vez cumprida a sua obrigação legal, tem direito de regresso contra o responsável final.

Caso o responsável intercalar a quem competia a obrigação prevista no parágrafo anterior não puder assumir a responsabilidade por ter perdido a capacidade de indemnizar, a vítima pode exigir satisfação integral do direito à indemnização ao responsável final.

Artigo 71.º Responsabilidade complementar e indemnização

Se houver dois ou mais pedidos de indemnização em decorrência do mesmo facto causador do dano e com o mesmo objectivo reparador, prevendo a lei responsabilidade complementar, a vítima deve exigir, em primeiro lugar, ao responsável directo a indemnização, e na falta de cumprimento integral ou parcial deste, a vítima pode pedir ao responsável complementar a satisfação do seu direito à indemnização, tendo este o direito de regresso contra o responsável directo após assumida a responsabilidade complementar.

Caso exista repartição da responsabilidade entre os responsáveis directo e complementar previsto no parágrafo anterior, aquele que assumiu a proporção da indemnização superior à parcela que lhe cabe, tem direito de regresso contra o outro.

Capítulo IX Responsabilidade sobre produtos

Artigo 72.º Noção de produto

Entende-se por produto qualquer coisa móvel processada ou fabricada para distribuição.

Exceptuam-se as obras de edificação, salvo os materiais de construção, os equipamentos ou peças acessórias abrangidas na definição de produto feita no parágrafo anterior.

Integram o conceito de produto:

(i) energia eléctrica, óleo, gás, energia térmica ou água, transportados por cabos, redes ou tubagens de transmissão;

(ii) software/programas de computador e similares; e

(iii) produtos microbianos destinados para a venda, produtos animais e vegetais, de engenharia genética ou de sangue humano.

Artigo 73.º Produto defeituoso

Um produto é defeituoso quando não oferece a segurança com que legitimamente se pode contar, tendo em atenção as seguintes circunstâncias:

(i) defeito de fabrico, por não se ter apresentado em conformidade com o padrão imposto na sua concepção,

tornando-se assim um produto ilegitimamente inseguro;
(ii) defeito de concepção, por inobservância duma concepção alternativa razoável que possa contribuir para diminuir ou evitar o dano, tornando-se assim um produto ilegitimamente inseguro; e
(iii) defeito de informação, por falta, insuficiência ou inadequação de informações, advertências ou instruções sobre o seu uso e perigos conexos, tornando-se assim um produto ilegitimamente inseguro.

Artigo 74.º Presunção de defeito do produto

Quando o dano causado por um produto seja aquele que normalmente é causado por defeito de um produto, sem derivar de defeito surgido no processo de venda ou distribuição, há presunção de defeito do produto.

Artigo 75.º Responsabilidade interina sem culpa e direito de regresso

Por existir defeito num produto que causa dano pessoal ou dano em coisa diversa do produto defeituoso, o lesado pode exigir indemnização tanto ao produtor como ao vendedor desse produto.

Assumida a obrigação de indemnizar pelo vendedor do produto defeituoso, este tem direito de regresso contra o produtor do mesmo, salvo comprovação pelo produtor de que o defeito do produto tenha sido causado por culpa do vendedor.

No caso do defeito do produto ter sido causado por culpa do vendedor, o produtor, após assumida a obrigação de indemnizar, tem direito de regresso contra o vendedor.

Artigo 76.º   Responsabilidade objectiva final do produtor

Quando o defeito do produto for causado pelo produtor, este deve assumir a obrigação de indemnizar sem ter direito de regresso contra o vendedor.

Artigo 77.º   Exclusão da responsabilidade

O produtor não é responsável se provar:
(i) que não pôs o produto em circulação;
(ii) que, tendo em conta as circunstâncias, se pode razoavelmente admitir a inexistência de defeito no momento da entrada do produto em circulação; ou
(iii) que o estado dos conhecimentos científicos e técnicos, no momento em que se pôs o produto em circulação, não permitia detectar a existência do defeito.

Artigo 78.º   Advertência após venda e retirada de produtos

Se o defeito de um produto, que não foi descoberto antes de ser colocado em circulação, vier a ser detectado pelo produtor, este deve alertar o comprador, de forma completa e eficaz, pela falta de segurança legitimamente esperada desse produto, esclarecendo sobre o correcto modo de emprego do produto para evitar dano. Caso o produtor não cumpra de modo razoável a obrigação de advertência após a venda, causando dano, deve assumir a responsabilidade pela indemnização.

Se se achar defeito de um produto, depois de posto em circulação, susceptível de causar dano a outrem, o produtor deve tomar imediatamente as medidas razoáveis e eficazes para retirar o produto defeituoso de circulação. Caso o produtor não cumpra de modo razoável esta obrigação e, assim, causar danos a outrem, deve assumir a responsabilidade pela indemnização.

Os vendedores devem assistir os produtores no cumprimento das obrigações especificadas no primeiro e segundo parágrafos deste artigo.

Artigo 79.º Responsabilidade do transportador e do armazenador

Quando um produtor ou vendedor assumir a obrigação de indemnizar o dano causado por defeito de um produto devido ao serviço de transporte ou de armazenagem, o produtor ou vendedor tem direito de regresso contra o transportador ou armazenador após ressarcido o dano.

Não podendo o produtor ou vendedor pagar a indemnização, o lesado pode exigir directamente ao transportador ou armazenador a assunção da obrigação de indemnizar.

Artigo 80.º   Responsabilidade do garante da qualidade do produto

Ao apresentar falso resultado de exame ou emitir certificado de inspecção não autêntico causando danos, a respectiva entidade de inspecção ou de certificação de qualidade do produto deve assumir, juntamente com o respectivo produtor e vendedor, a responsabilidade solidária.

Aquele que prometa ou garanta a qualidade de um produto que não tenha a qualidade prometida ou garantida e, por isso, causar danos, deve assumir juntamente com o produtor e o vendedor a responsabilidade solidária.

Artigo 81.º   Responsabilidade por publicidade enganosa

O produtor ou o vendedor que promoverem a venda de um produto através de publicidade ou de meios de propaganda enganosa e, por isso, causarem danos, assumem a responsabilidade civil nos termos previstos nesta Lei-Modelo. No caso de operadores ou distribuidores de publicidade que, apesar de conhecerem a falsidade publicitária ou a propaganda enganosa, continuarem a respectiva concepção, produção e distribuição, devem assumir, relativamente aos danos causados pelo produto defeituoso, responsabilidade solidária com o fabricante e o vendedor do produto defeituoso.

Aquele que recomendar produto defeituoso promovido através de falsidade publicitária ou de propaganda enganosa e, por isso, causar danos, fica obrigado a repará-los solidariamente com os agentes previstos no parágrafo anterior.

Artigo 82.º Responsabilidade de fornecedor de plataforma tradicional de transacções

Quando o patrocinador de um mercado centralizado, o locador dum balcão, o organizador duma feira, ou outros fornecedores de plataforma de transacções, não cumprirem o dever de gestão necessária, a vítima que sofre por causa dos danos causados pelo produto defeituoso, tem o direito de exigir responsabilidade contra o produtor, o vendedor ou o fornecedor de plataforma de transacções, desde que a este seja imputável culpa. Caso o fornecedor de plataforma tradicional de transacções se tenha comprometido, a priori, a indemnizar, assume a responsabilidade nos termos prometidos e tem direito de regresso contra o produtor e vendedor do produto defeituoso após pagar a indemnização.

No caso do fornecedor de plataforma tradicional de transacções ter tomado conhecimento de que o vendedor ou produtor se aproveitam da plataforma para lesar direitos e interesses de consumidores, deve assumir a responsabilidade solidária com eles.

Artigo 83.º   Responsabilidade de fornecedor de plataforma de transacções online

Quando um produto defeituoso cause dano a outrem via plataforma de transacções online, o lesado pode pedir responsabilidade ao produtor ou vendedor do produto defeituoso pelo dano causado.

Se o fornecedor de plataforma de transacções online não facultar a identificação, endereço e contacto do produtor ou vendedor do produto defeituoso, o lesado pode exigir-lhe que assuma a responsabilidade de indemnizar; caso este se tenha comprometido a indemnizar, assume a responsabilidade nos termos prometidos e tem direito de regresso contra o produtor e vendedor do produto defeituoso após pagar a indemnização.

No caso de o fornecedor de plataforma tradicional de transacções online ter tomado conhecimento de que o vendedor ou o produtor se aproveitam da sua plataforma para lesar direitos e interesses dos consumidores, sem tomar as medidas necessárias, deve assumir a responsabilidade solidária com eles.

Quando a venda online seja efectuada por utente da internet e cause dano a outrem, desde que o fornecedor de plataforma de transacções online faculte também serviço de pagamento, é aplicável o disposto no 2º e 3º parágrafos deste artigo.

Artigo 84.º Fornecedor de matérias-primas, acessórios e peças

Quando o produtor fabricar os seus produtos com matérias-primas e acessórios defeituosos fornecidos por outrem e, por isso, causar danos, cabe-lhe assumir a obrigação de indemnizar. Uma vez satisfeita a indemnização, o produtor tem direito de regresso contra o fornecedor de matérias-primas e acessórios defeituosos, podendo o lesado exigir directamente àquele fornecedor que assuma a obrigação de indemnizar.

É aplicável o disposto no parágrafo anterior ao fornecedor de peças defeituosas.

Artigo 85.º Responsabilidade por mercadorias em segunda mão ou de reciclagem

Os vendedores de mercadorias em segunda mão são equiparados aos produtores, sem prejuízo do produtor original assumir a responsabilidade pela qualidade do produto quando este ainda esteja no período de garantia.

Os produtores originais não assumem a responsabilidade relativa a produtos de reciclagem, salvo o dano devido a defeito inerente ao produto original.

Artigo 86.º Disposições especiais sobre alimentos que causam dano

Quando produtores e vendedores de alimentos produzirem e venderem produtos que, embora se conformem com os padrões de qualidade, causem danos graves à vida e saúde dos consumidores, deve presumir-se, nos termos do artigo 74º, que os produtos são defeituosos.

Os vendedores de produtos primários e de caça são responsáveis pelos danos causados.

Artigo 87.º   Disposições especiais sobre medicamentos ou sangue que cause dano

Compete ao produtor ou vendedor de medicamentos fazer a prova de ausência de defeito no medicamento produzido e vendido, caso contrário, deve assumir a responsabilidade de indemnizar por danos causados a outrem.

As entidades fornecedoras de sangue devem fazer a prova quanto ao cumprimento das normas relevantes sobre sangue, caso contrário, devem assumir a responsabilidade de indemnizar por danos causados a outrem. Se, em razão do estágio da ciência e tecnologia, não for possível descobrir que o sangue é susceptível de causar dano, devem assumir a reparação adequada dos danos causados.

Artigo 88.º   Não isenção de responsabilidade pelas advertências apostas em cigarros e outros produtos prejudiciais

à saúde

Não se considera que os produtores ou vendedores, após aposta a advertência em cigarros e outros produtos prejudiciais à saúde, tenham cumprido o dever de informação.

Artigo 89.º Indemnização punitiva por danos pessoais

Quando os produtores ou vendedores, por dolo ou negligência grosseira, fizerem com que apareçam produtos defeituosos, ou, apesar do conhecimento relativo ao defeito do produto fabricado e vendido, susceptível de causar danos pessoais, continuarem a produzir ou vender esses produtos defeituosos causando danos a outrem, o lesado pode exigir ao produtor ou vendedor, além da indemnização relativa à perda real, que pague compensação superior ao previsto no artigo 39º desta Lei-Modelo.

A compensação prevista no parágrafo anterior deve ser fixada de acordo com o grau de má-fé dos responsáveis e com as consequências danosas produzidas.

Artigo 90.º Prazo máximo de protecção na responsabilidade de produto

Prescreve, no prazo de quinze anos, a contar da data em que o produto defeituoso foi entregue ao primeiro consumidor, o pedido de indemnização por danos sofridos, salvo se o prazo de validade indicado ainda não tiver expirado.

Capítulo X Responsabilidade por poluição ambiental

Artigo 91.º Responsabilidade sem culpa por poluição ambiental

Aquele que causar danos ao meio ambiente de que resulte poluição, fica obrigado a repará-los.

Artigo 92.º Presunção de nexo causal da poluição ambiental

Quando surgir litígio em consequência de poluição ambiental e o lesado tiver prova preliminar de nexo causal entre a poluição e o dano, cabe ao agente fazer a prova de que não existe tal relação causal entre o seu acto poluidor e o dano sofrido pelo lesado; caso o agente não reuna prova bastante para o demonstrar, fica assente o nexo de causalidade.

Artigo 93.º Exclusão da excepção de emissão de acordo com o padrão legal

Aquele que polui o ambiente causando dano, mesmo que a emissão de poluentes esteja em conformidade com o padrão legalmente previsto na respectiva jurisdição, deve assumir a responsabilidade civil.

Artigo 94.º Responsabilidade de indemnização por danos devidos à emissão de poluentes por múltiplos agentes

Quando dois ou mais agentes praticarem separadamente actos poluidores causando os mesmos danos, sendo quaisquer desses actos passíveis, por si só, de ocasionar o dano integral, assumem a obrigação solidária de indemnização.

Quando dois ou mais agentes praticarem separadamente actos poluidores causando os mesmos danos, sendo quaisquer desses actos insusceptíveis, por si só, de ocasionar o dano integral, cada um assume a obrigação de indemnizar de acordo com a potencialidade causal do seu acto.

Quando dois ou mais agentes praticarem separadamente actos poluidores causando os mesmos danos, sendo alguns desses actos passíveis, por si só, de ocasionar o dano integral e outros passíveis de ocasionar parcialmente o dano, estes assumem com aqueles a obrigação solidária de indemnização por parte do dano causado em conjunto.

Artigo 95.º Responsabilidade por poluição ambiental sem lesões corporais actuais

Aquele que praticar acto passível de poluir o ambiente devido à natureza da actividade exercida, ao método empregue, ou à utilização de instalações altamente perigosas por poluidoras, mesmo que tenha cumprido as regras legais, assumirá a responsabilidade de indemnização se causar manifestamente danos ao ambiente, independentemente de culpa, cabendo à entidade tutelar do ambiente fixar o montante ressarcível e integrar o montante da indemnização no fundo de tratamento da poluição ambiental.

Artigo 96.º Causalidade imputável a terceiro

Quando o dano causado por poluição ambiental seja imputável a terceiro, os lesados podem exigir indemnização ao agente ou ao terceiro. Neste caso, se o agente assumir a obrigação de indemnizar, terá direito de regresso contra o terceiro.

Artigo 97.º Eliminação de causas de poluição e restabelecimento do ambiente não poluído

Aquele que causar poluição ambiental, além de ser responsável por indemnização pelo dano patrimonial causado, deve eliminar as causas de origem da poluição ambiental ou afastar o seu perigo através da reposição das coisas no estado anterior à ocorrência da poluição, ao seu estado original, ou assumir as despesas relacionadas com a sua eliminação e o restabelecimento do ambiente não poluído.

Lei-Modelo de Responsabilidade Civil para a Ásia Oriental (Texto Provisório) 263

Artigo 98.º Indemnização superior ao dano efectivamente causado ao ambiente por má-fé

Quando o agente, por dolo ou negligência grosseira, causar poluição ambiental ou, apesar do seu acto substancialmente passível de causar poluição ambiental, continuar a praticá-lo causando poluição ambiental, os lesados podem exigir-lhe, além da indemnização relativa ao prejuízo real, o pagamento de compensação superior à prevista no artigo 39º desta Lei-Modelo.

Artigo 99.º Prescrição da responsabilidade por poluição ambiental

No que diz respeito ao pedido de indemnização por dano devido a poluição ambiental, é aplicável o disposto no artigo 32º desta Lei-Modelo. Prescreve, no prazo de três anos, o direito de regresso entre os agentes adstritos à obrigação de indemnizar, a contar da data do cumprimento da respectiva obrigação de indemnização.

Artigo 100.º Acção para a tutela de interesse público ambiental

Têm legitimidade para propôr e intervir nas acções contra actos prejudiciais à saúde pública, ao ambiente, à qualidade de vida e a outros bens de interesse social e público, qualquer pessoa, as associações e fundações cujo fim se relacione com os interesses em causa, o Governo e o Ministério Público.

Capítulo XI Responsabilidade civil na actividade cibernética

Artigo 101.º   Regra geral

Os prestadores de serviço de internet e os utentes deste serviço devem assumir a responsabilidade civil por danos causados pela sua utilização em prejuízo do direito e interesse de outrem.

Incluem-se no conceito de prestador de serviço de internet o fornecedor da plataforma do serviço de internet e o fornecedor dos seus conteúdos.

Artigo 102.º   Aplicação do princípio de "porto seguro"

Quando surgir acto lesivo do direito de outrem praticado por utente de internet, o lesado pode notificar o prestador de serviço de internet para tomar medidas tais como o apagamento, o bloqueio, a desconecção ou outras técnicas necessárias para eliminar o dano. Se o prestador de serviço de internet não o fizer num prazo razoável após notificado, será responsável solidário com o utente de internet por quaisquer danos adicionais.

Artigo 103.º Requisitos e forma da notificação

A notificação deve ser feita por aviso escrito, em forma impressa ou electrónica, salvo em caso de emergência.

A notificação deve conter o seguinte:

(i) o nome (ou designação) completo, o endereço e o contacto do autor da notificação;

(ii) o endereço da internet em que se encontra o conteúdo lesivo do direito, ou a informação necessária para localizá-lo;

(iii) os materiais comprovativos, de forma preliminar, sobre o acto lesivo do direito; e

(iv) a declaração do autor da notificação sobre a autenticidade do conteúdo constante nela.

Na falta de qualquer destes elementos, considera-se a notificação inválida e sem produção de efeito nenhum.

Artigo 104.º Prazo razoável

A determinação do prazo razoável previsto no artigo 102.º da presente Lei-Modelo deve tomar em consideração os seguintes factores:

(i) a importância do direito ou interesses violados;

(ii) a viabilidade técnica da tomada das medidas necessárias relevantes;

(iii) a urgência em tomar as medidas necessárias relevantes; e

(iv) o prazo razoável solicitado pelo titular do direito ofendido.

Em circunstâncias normais, um prazo razoável é de 24 horas.

Artigo 105.º Cálculo do dano adicional

O dano adicional refere-se ao prejuízo ocorrido entre o momento da chegada da notificação ao prestador do serviço de internet e a sua eliminação por este.

Artigo 106.º Dever de dar conhecimento da notificação ao utente da internet causador do dano

Após tomadas as medidas necessárias, o prestador de serviços de internet deve remeter imediatamente a notificação ao utente de internet causador dos danos; na impossibilidade dessa remissão, deve informá-lo do conteúdo da notificação através de anúncio na própria internet.

Artigo 107.º Contra-notificação: requisitos e forma

Após notificado ou tomado conhecimento da notificação através de anúncio, o utente da internet causador do dano pode apresentar contra-notificação por escrito ao prestador de serviços de internet, caso entenda não ter violado o direito ou interesses de outrem e solicitar a reposição do conteúdo inicialmente emitido.

A contra-notificação deve conter os seguintes elementos:

(i) o nome (ou designação) completo, endereço e contacto do autor da contra-notificação;

(ii) o pedido de anulação das medidas aplicadas ao conteúdo retirado, e o endereço da internet em que se encontrava;

(iii) a matéria comprovativa de que o conteúdo retirado não era lesivo do direito de outrem;

(iv) a declaração do autor da contra-notificação sobre a autenticidade da informação contida nela.

Artigo 108.º Tratamento da contra-notificação

Após a recepção da contra-notificação escrita, o prestador de serviços de internet deve repôr em tempo útil o conteúdo retirado e anteriormente emitido pelo autor da contra-notificação e, simultaneamente, remeter a contra-notificação ao autor da notificação, salvo manifesta ilicitude do conteúdo inicialmente emitido pelo autor da contra-notificação.

Artigo 109.º Acção sobre a contra-notificação

Depois de o prestador de serviços de internet repôr o conteúdo inicialmente emitido pelo autor da contra-notificação, o autor da notificação não pode voltar a notificar o prestador de serviços de internet a tomar medidas como apagamento, bloqueio ou desconecção, podendo, porém, recorrer à justiça.

Artigo 110.º Responsabilidade indemnizatória por notificação errada

Se o prestador de serviços de internet tomar medidas com base em notificação indevida e causar, consequentemente, danos a outrem, deve o autor da notificação assumir a responsabilidade de indemnizar.

Artigo 111.º Aplicação da regra "bandeira vermelha"

Quando o prestador de serviço de internet tiver conhecimento de um utente se aproveitar do seu serviço para violar os direitos ou interesses de outrem e não tomar as medidas necessárias, será responsável solidário com esse utente pelos danos causados a outrem.

Artigo 112.º Avaliação do conhecimento

Entende-se por conhecimento a plena consciência ou prova de o prestador de serviço de internet saber do facto lesivo do direito de outrem por utente de internet.

Capítulo XII Responsabilidade civil resultante da violação do direito de publicidade

Artigo 113.º Âmbito do direito de publicidade, sua violação e responsabilidade

Entende-se por direito de publicidade um direito de natureza empresarial gozado por uma pessoa natural ou um grupo de pessoas naturais no uso de símbolos — sinais distintivos da personalidade —, marcando a respectiva identidade no comércio.

Aquele que, através de propaganda, cartazes, painéis publicitários, produtos de consumo de massa, revistas periódicas e outros meios de publicidade, utilizar foto, filme, telenovela, ópera, música, artes visuais e coisas que simbolizam a personalidade de outrem, sem a respectiva autorização, deve assumir a responsabilidade civil.

Artigo 114.º Prazo de protecção do direito de publicidade

A protecção do direito de publicidade existe durante toda a vida da pessoa natural ou toda a existência de um grupo, estendendo-se até trinta anos após a morte da pessoa ou a dissolução do grupo, a contar do dia seguinte da morte ou do ano seguinte da dissolução, respectivamente.

No caso de duas ou mais pessoas naturais serem co-titulares

do direito de publicidade, o prazo da sua protecção extingue-se trinta anos após morte da última. Se a titularidade do direito de publicidade pertencer a um grupo de pessoas naturais, o prazo de protecção extingue-se trinta anos após a dissolução do grupo ou trinta anos após morte do último elemento desse grupo.

O prazo de protecção previsto no parágrafo anterior conta-se a partir do ano seguinte à morte da última pessoa natural ou da dissolução do grupo.

Artigo 115.º Pedidos judiciais do titular do direito de publicidade

Os titulares do direito de publicidade podem solicitar ao tribunal que ordene ao agente para terminar a violação, afastar os obstáculos à realização do direito de outrem e eliminar os perigos susceptíveis de causarem dano.

Os titulares do direito de publicidade podem ainda solicitar ao tribunal que ordene a destruição de coisas lesivas do direito de outrem ou que tome medidas relevantes necessárias.

Os titulares do direito de publicidade têm o direito de exigir ao agente que assuma a obrigação de indemnizar pelos danos patrimoniais e morais sofridos.

Artigo 116.º Cálculo da indemnização

O montante da indemnização por dano causado ao direito de

publicidade deve ser calculado com base no nível mais alto entre os critérios a seguir:

(i) proveito obtido pelo agente; ou

(ii) valor patrimonial normalmente obtido pelo titular do direito ao exercer tal direito.

Quando o valor do dano patrimonial sofrido pelo titular do direito exceder o montante determinado na alínea anterior, este tem direito de exigir indemnização adicional correspondente à parte excedente.

Quando for difícil fixar o montante da indemnização com base nos critérios previstos nas alíneas anteriores, cabe ao tribunal determinar o montante atendendo à situação real.

Artigo 117.º Indemnização por danos morais em consequência de violação do direito da personalidade

O titular do direito de publicidade tem o direito de exigir, para além da indemnização por danos patrimoniais, a reparação por danos morais contra o agente, bem como a tomada de outras medidas necessárias tais como a restauração da sua reputação.

Artigo 118.º Protecção do direito de publicidade após a morte do respectivo titular

Após a morte do titular do direito de publicidade, os seus sucessores podem herdar esse direito, salvo oposição expressa do de cujus em vida.

O titular do direito de publicidade pode, por testamento, transferir o direito de publicidade a outrem por meio de legado, no qual pode fixar limite ou duração tais como o modo e âmbito de uso do legado.

O sucessor do direito de publicidade tem a faculdade de exigir indemnização ao agente causador dos danos.

Artigo 119.º Alienação

O direito de publicidade pode ser alienado total ou parcialmente por contrato, sendo, porém, insusceptível de transmissão em termos gerais do direito de publicidade que ainda não existe no momento da transacção.

Quando o cessionário do direito de publicidade exceder o âmbito do uso dos sinais distintivos da personalidade fixado contratualmente, o titular original do direito de publicidade tem o direito de lhe exigir a assunção da responsabilidade civil.

Artigo 120.º Licença

O titular do direito de publicidade pode conceder uma licença a outrem para uso dos sinais distintivos da personalidade, nos limites e sob as condições aí estabelecidos.

O destinatário da licença não pode permitir que um terceiro faça uso de tais sinais distintivos da personalidade sem o consentimento do titular do direito de publicidade. Quando o destinatário da licença exceder o âmbito do uso dos sinais distintivos da personalidade fixado na licença, ou permitir a um terceiro que faça uso deles, o titular do direito de publicidade tem o direito de exigir-lhe que assuma a responsabilidade civil.

Artigo 121.º Violação do direito de publicidade pertencente a grupo de pessoas naturais

Quando o direito de publicidade pertencente a um grupo de pessoas naturais for violado, cada um dos seus membros tem o direito de exigir a indemnização correspondente à respectiva parcela do direito de publicidade.

Artigo 122.º Responsabilidade de prestadores de serviços de internet

O disposto neste capítulo é aplicável em caso de violação do direito de publicidade por prestador de serviço de internet.